なぜ北海道に県がないのか

地域が輝く北海道の3県制

岡　勝美

はじめに

　筆者は、毎年、夏の甲子園が近づくと、高校球児たちの活躍を楽しみにしながらも、都道府県制度が抱える不条理さを嘆くことになる。

　甲子園への出場枠は、都道府県を単位に1校ずつ。北海道は参加校が多いため東京都とともに特例で2校となっているが、四国4県の4校に比べて少ない。北海道も一つの県といってしまえば、それまでだが、不公平感は拭えない。

　そもそも「都」、「道」、「府」、「県」はどう違うのか。なぜ北海道に「県」がないのか。「都道府県」は一対の熟語として用いられるが、明治23（1890）年の「府県制」、昭和18（1943）年の「都制」、昭和21（1946）年の「道制」を一本化し、昭和22（1947）年地方自治法によって誕生した。性格の違うものを一つにまとめたわけだから、違いはあるはずだが、それは度外視し、同じ扱いとした。そして誕生してしまうと、地方統治の基本的な単位として、社会の様々なところに深く根を張り、これを変えることは容易ではない。だが諦めることはない。法律や制度は私たち主権者がつくるものだ。

　筆者は、長く北海道庁に務め、地方行政の仕事に携わってきたが、四国4県や南東北3県以上の広さと人口を持つ北海道に、なぜ県がないのか、疑問を抱いてきた。問題意識を持ったのは、昭和48（1973）年田中角栄総理大臣が地域の均衡ある発展を願い、無医大県を無くそうと打ち出した「一県一医大構想」だ。北海道は4県に相当するので4つの医大が必要と当時の文部省に訴えても、北海道は一つの県、既に北大医学部、札幌医大があるので例外は認められないという。地方分権の世であれば、自力で何とかしようと考えるが、中央集権体制の下では、国の政策にすがるしかない。知事を先頭に陳情を重ね、ようやく特例として旭川に設置を認められたが、函館や釧路への設置は論外とされた。

　その後も、国は「地域の均衡ある発展」を目標に、「一県一政策」を進めたが、いつも北海道は一つの県という扱いだった。これでは格差が広がる

のも無理はなかった。平成の時代に入ると、アメリカ型の自由競争が叫ばれ「一県一政策」は姿を消したが、都道府県制度が抱える不公平さに異議を唱える向きもなく、北海道も一つの県という扱いを当然のように受け止めてきた。

　わが国は、古代ヤマト政権の時代から今日まで、武士の時代を除き、中央集権体制を築いてきた。地方は自由度が低いにもかかわらず、不平不満を「お上」にぶつけることはなく、じっと耐えている。だが、「自分たちの地域のことは自分たちで決めたい」という自己決定権を求める動きが、潮流となってきた。平成26（2014）年の沖縄県知事選挙では、政府が進める米軍普天間飛行場の県内移設に反対し、国外県外移転を主張する候補者が当選した。平成27（2015）年には大阪都構想の実現をめざす住民投票も行われ、実現しなかったものの政府にルールづくりを働きかけた政治力には学ぶべき点が多い。
　海外でもイギリスでは主権をEUに移譲したことによって、自己決定権がなくなったと感じた国民が主権を取り戻そうと国民投票によってEUからの離脱を選択している。そして、極めつけは平成28（2016）年のアメリカの大統領選挙だ。グローバル化によって一握りの層に富が集中し格差が広がる中で既成の政治エリートに対する不満が高まり、現状を変えようという国民の思いが政治経験のないトランプ氏を大統領に押し上げた。自由貿易で世界経済に貢献することも大切だが、その前に自国の雇用を守って欲しいというのが根底にあるようだ。

　都道府県制度の始まりは、明治維新後の廃藩置県だが、北海道は適用除外とされ、府県制も適用されず、今もなお、県のない時代が続いている。しかも国の基本的な仕組みである参政制度や納税、徴兵、市町村制が適用されなかったり、遅れて適用されたりと、内地の府県とは異なる制度格差の下に置かれてきた。内地のようだが内地ではない。だからといって外地でもない。特殊な地域だ。筆者は、これを内地に準ずる地域、準内地と捉えている。県がないのも準内地だからだ。

本書は、なぜ北海道に県がないのかという素朴な疑問を切り口に、歴史の謎に迫り、それが準内地に起因していること、それによってどんな影響を受けているのか、解消する手立てはあるのか、これらを明らかにしようというものだ。

　本書の構成を紹介しておこう。
　第1部「都道府県制度を考える」では、地方自治の由来に触れながら、都道府県制度が大宝・養老律令の令制国を源流とし、府藩県三治の制、廃藩置県、府県制と続き、特例として都制、道制が設けられた歩みをたどってみる。戦前には内地、外地という区分もあり、北海道は今なお準内地であることを明らかにしていく。
　第2部「北海道の統治の歴史をたずねて」では、北海道の統治の歴史をわが国の地方統治の歴史に重ね合わせながら、北海道が準内地として、内地府県とは異なる歩みを続けざるを得なかった背景や経緯に迫っていきたい。これまで北海道の歴史は、日本の歴史と切り離されて記述されることが多かったが、両者を重ね合わせることによって、新しい風景が見えてくるはずだ。歴史の記述は、通説に沿うものの、筆者独自の視点から、北海道命名の経緯にも触れておく。
　明治維新後、北海道に県を置かなかったのは、ロシアの脅威に備え、拓地殖民を急ぐ必要があり、そのためには、効率性が求められ、広域的な行政区域で、国が直轄で主導することが効果的と考えられたからだ。その後、県を置くチャンスは、道制や地方自治法を施行する際にあったが、実現することはなかった。戦後、拓地殖民事業は総合開発事業と名前を変えたものの国民経済の復興、人口問題の解決を目的に資源開発の適地として引き続き国の手により進められることになる。こうした経緯にも触れておく。
　第3部「地域が輝く北海道の3県制」では、北海道に県がない理由や県がないことによって生じる社会格差を明らかにし、その要因である準内地から脱却するための方策として「分割分県構想」、「北海道開発法から国土形成計画法への移行」を提案する。

本書は、北海道の統治制度をテーマにしたため、地方自治制度にも触れざるを得ないが、多くの方々に読んでいただきたいとの思いから、なるべく専門用語は避け、分かりやすい表現を心がけた。専門家から見れば、誇張や省略ではないかとお叱りを受けるかも知れないが、ご容赦願いたい。

　参考にさせていただいた主要な著作を巻末に掲げたが、これ以外にも、多くの著作や研究成果から貴重なご教示をいただいた。とりわけ北海道の歴史に関しては、先人の方々の研究成果を参考にさせていただいた。本来であれば、一つ一つ紹介しお礼を申し上げるところであるが、割愛させていただくことをお許し願いたい。ご指導いただいた多くの方々に深く感謝申し上げる。

　グローバル経済は、弱い人々や地域を見放し、雇用格差や地域格差を生み、人々を大都市へと駆り立てていく。北海道でも札幌一極集中が進み、3人に1人が札幌市民という異常さだ。過疎の町が7割を超え、産科医がいない町も8割を超える。小学校や中学校の統廃合が続き、高校の廃校危機に頭を抱える町も少なく無い。こうしたツケが農村に限らず都市にも少子高齢化となって現れている。幹線鉄道さえも廃線の危機に直面している。グローバル化が避けて通れないのであれば、富の再配分を進めるべきではないだろうか。

　明治維新から150年、北海道は今なお「中央依存・官僚依存体質」が強く、国に援助を求めたがる。大切なことは、人材を育て、自立の心を広めることだ。本書が新しい北海道づくりの一助になることを願ってやまない。

巻頭言

ジャーナリスト・北海道大学客員教授

久田　徳二

　「あっ！」と思った。確かに北海道には県がない。でも、なぜないのか。道は都や府県とはどう違うのか。そもそも道制とは何か。分かっているようで分からないことを、詰めて考えてこなかったことに気付いた。

　私が道政担当記者だった時代に出会った岡勝美さんは、道幹部の中でも特に真面目で良心的な人だった。私欲が無く、道民のために何をすべきかを真剣に考えるタイプである。

　その岡さんと、久しぶりにお会いしたのは2017年秋のことだった。当時、北海道新聞編集委員をしていた私に、岡さんが「読んでみてほしい」と原稿を手渡した。

　詳細な分析の上に深い思いが伝わる岡さんらしい良い原稿だったので、「北海道命名150年を機に出版し、道民に議論を提起することも有意義では」と申し上げたところ、岡さんは喜びの色をお顔に表され、「さらに推敲する」とおっしゃった。

　私が17年末の定年退職を控え、お手伝いが充分にできないでいる中、岡さんが亡くなられた。年が明けた正月3日であった。愕然とする中、存命中の出版が実現せず無念だったであろう岡さんに、霊前で深くお詫びを申し上げた。ただ、完成原稿データはご自宅に残されていた。手描きの地図なども一緒に。

　今、岡さんの原稿をほぼ100％活かした原稿で、岡さん自らが考案した題名を付けた本書が出版の運びとなった。

　都道府県制度と道、北海道統治の歴史と道制について、これほど緻密かつ体系的に整理した文献は稀少である。岡さんの人生をかけたお仕事の迫力を感じる。また、中央政府と道と市町村の関係性、地方自治の本来のあり方、などの論点についての、岡さんの考え方も表明されている。地方自

治に生涯奉じた岡さんの生き方がにじんでいる。
　岡さんが指摘されるように、グローバル経済が弱者を見放し、格差を生んでいる。一方で、北海道に自主自立の気概が乏しい。地方制度という側面から岡さんがそこに一石を投じられた。「準内地から脱却するためにも、北海道を分割分県しよう」との提案だ。
　多くの道民が本書を手にし、北海道の将来を考え、議論するきっかけにして下さることを心から願っている。その時は岡さんの目尻も一層下がるであろう。合掌。

なぜ北海道に県がないのか　もくじ

はじめに　1
巻頭言　ジャーナリスト・北海道大学客員教授　久田徳二　5

第1部　都道府県制度を考える …………………………………… 9
1　地方自治は国家の基本　10
　都道府県は憲法で保障されているか　10
　地方自治は憲法が保障　11
　地方自治の本旨とは何か　14
　単一制度か連邦制度か　15
　中央集権か地方分権か　16
　地方分権改革とは何だったのか　17
　あと一歩だった国の地方出先機関改革　19
2　地方自治の本旨を求めて　20
　世界地方自治憲章草案の実現へ　20
　補完性・近接性原理推進法の制定を　22
3　地方の統治体制を変える道州制構想　23
　道州制構想は政権によって変わる　23
　幻想だった道州制特区推進法　25
4　都道府県の歴史をたずねて　26
　都道府県の始まりは府藩県三治の制　26
　都道府県の源流は大宝・養老律令　27
　なぜ北海道は廃藩置県、府県制が適用除外とされたのか　28
　都、道、府県の違いは何か　29
　内地、外地という区分　30
　北海道は準内地だ　32
　準内地としての取扱い事例　34

第2部　北海道の統治の歴史をたずねて …………………………… 39
  1　大宝・養老律令と蝦夷地との関わり　40
  2　鎖国政策と松前藩、アイヌ　45
  3　初めての蝦夷地調査　52
  4　蝦夷地の支配者が何度も交代したのはなぜか　58
  5　開拓使が設置された理由　65
  6　北海道の命名者は誰か　68
  7　廃藩置県が適用されなかったのはなぜか　71
  8　開拓使の官有物払い下げ　73
  9　北海道庁の設置　78
  10　適用が遅れた市制、町村制　83
  11　適用されなかった府県制　90
  12　北海道地方費法をつくった理由とは　91
  13　道制をつくった狙い　93
  14　地方自治法における道制の位置づけ　95
  15　北海道開発法の制定　98
  16　北海道開発局はなぜできたのか　102

第3部　地域が輝く北海道の3県制 ………………………………… 105
  1　北海道に県が置かれなかったのはなぜか　106
  　　道制の成り立ちを振り返る　106
  　　県が置かれなかった理由　109
  　　これまでの分割分県運動　110
  　　県がないことによって生じる地域格差　112
  2　分割分県の効果　117
  　　北海道のあるべき統治の姿を考える　117
  　　分割分県のパターン　119
  　　分割分県による効果　121
  　　分割分県への道筋　124
  　　北海道開発法から国土形成計画法への移行　126
  　　さらなる地方分権に向かって　128

おわりに　130
参考文献　132
父の思い　134

第 1 部　都道府県制度を考える

1　地方自治は国家の基本

都道府県は憲法で保障されているか

　なぜ北海道に県がないのか、この謎を解くためには、北海道の統治の歴史をわが国の地方統治の歴史に重ね合わせながら、北海道がいつ誕生し、どんな歩みを続けてきたのか、確かめることが必要だ。もっとも北海道の誕生といっても日本列島を形成する島としての誕生もあれば、都道府県制度に基づく地方自治体としての誕生もある。いろいろ考えられるが、その時期や経緯を知るためには、どうしても歴史をたどらなければならない。歴史は繰り返すといわれ学ぶべき点が多い。

　それでは、まず、都道府県制度やその基となる地方自治の話から始めていこう。

　現行の都道府県制度は、昭和22（1947）年日本国憲法（以下「憲法」という）と同時に施行された地方自治法によって誕生した。憲法と同時に施行された法律は皇室典範などでその重要性がうかがわれる。基礎的な市町村に対して国と市町村との中間的な位置づけとされたが、憲法上は、第8章の地方自治のところで、「地方公共団体」とあるのみで都道府県という言葉は、どこにも出てこない。このため、憲法が保障する「地方公共団体」とは、市町村のみの一層制か、都道府県も含んだ二層制か、疑問が残った。

　そこで政府は、昭和28（1953）年衆議院予算特別委員会で、

(1)憲法を起案するときに、府県市町村とはっきり書いたこともあるが、地方自治体というものが二階建の建築だと憲法ではっきり判定づけてしまうことは行き過ぎではないか、それはやはり立法政策によって適宜の措置を取れるように、ゆとりを残しておいた方がよかろうということで、ただ単に地方自治体とした。

(2)したがって、憲法上の要請としては、必ずしも二階建であることを要請していないと考えている。もとより基礎的な地縁団体、共同体をなくしてしまうことは憲法上許されないが、二階建の上層の部分を性質を変えて地方自治体でなくするということは、法律をもってすれば可

能であろう、と述べている。

この政府見解によれば、市町村を廃止することは、憲法に違反するが、都道府県を廃止し一層制にしたり、地方自治体としての道州制をつくる場合、いずれも違憲とはならない。

一層制が良いか、二層制が良いかは難しいテーマだ。市町村にとっては、本来中央政府との直結を望み、都道府県は邪魔な存在だが、都道府県共々「自治の総量」を分厚くしなければ、中央政府の勝手次第となりかねない。一方、中央政府にとっても、当時全国で1万以上あった市町村と直接向き合うよりも、都道府県を経由した方が効率的だ。こう考えると、二層制の下で「自治の総量」を増やすことに努力を傾けるべきだろう。

ところで平成28（2016）年、参議院議員選挙の一票の格差を巡って「鳥取県」と「島根県」、「高知県」と「徳島県」のいわゆる合区が導入されたが、これを解消するために参議院議員はそれぞれの都道府県の代表者とする旨、憲法を改正しようという動きがある。後で述べるように、都道府県制度は、性格の異なる「都制」「道制」「府県制」を単純に一括りしたものだけに、憲法に都道府県を明記するとなると、「道」が必要なのかどうか、そのあり方を根本から議論する必要があるのではないだろうか。北海道は今の形のままで良いのか、立ち止まって考える時期を迎えているようだ。

地方自治は憲法が保障

地方自治という言葉や理念は、昭和22（1947）年に制定された憲法によって誕生する。一般的には馴染みが薄く、地方の政治と言い換えた方が分かりやすいが、要するに自分たちの暮らしや地域を守り、さらにより良くする営みのことだ。

昭和20（1945）年日本を占領した連合国軍最高司令官総司令部（以下「GHQ」という）は、民主化を進めるため、政府に大日本帝国憲法（以下「明治憲法」という）の改正を指示した。政府は、松本烝治国務大臣を委員長とする憲法問題調査委員会を設置し、翌年、改正の要旨をGHQに提出するが、地方自治を保障する根拠規定を欠いていた。政党、学者、弁護士、言論界などでも独自に改正案を発表するが、明治憲法の域を脱しないもの

だった。地方自治こそが民主主義の根源と考えるGHQに対し、わが国では中央集権体制に慣れきっていただけに、その重要性には思いもよらなかったのだろう。

　GHQは「日本の政治的再編成」という報告書の中で、代議政治制度は、住民により選挙され、住民に対して責任を負う公務員を媒体として、住民が地方団体の政策を決定し事務を管理するときに、最大限にその機能を発揮する。このような状況のとき、住民の生活や権利に対する権力的な侵害は行われ難い。そして政府は、住民の意思によって動き、住民に奉仕するという固有の性格を失わない。国全体として強力にして健全な代議政治制度を維持するためには、まず、地方団体が代議政治制度を有し、活発に活動し、自ら責任を有する団体とならなければならない。占領開始当時の日本の地方行政組織は、地方自治とはおよそかけ離れたものだった。その性格は極めて権力的なもので、地方団体は中央政府の手足に過ぎなかった。地方的な事情とか、必要とか、要望等に応ずる特殊性は、地方行政の執行上顧みられなかったし、そうすることは許されなかった。全ての重要な問題は東京で解決されるか、または東京から権限を与えられ、東京に対して責任を有する官吏によって解決されていた。住民は、地方行政について何ら積極的に参加することはなかった。住民にとって地方庁は遠く離れた彼方にある権力によって操られた一つの機関に過ぎなかったが、その圧力はことごとく住民の生活の上に加えられていた。この制度を改革することが日本の民主化に必要不可欠なものだと述べている。80年前の報告書だが今の時代にも十分通用するようだ。

　GHQは、政府の改正の要旨に同意せず、自ら草案を作成し、これを政府の草案とするよう指示し、両者間の協議を経て、政府が憲法改正草案要綱として公表した。

《地方自治条項の制定経過》

(GHQ の草案)
第 8 章　地方政治
第 86 条　府県知事、市長、町長、徴税権を有する其の他の一切の下級自治体及法人の行政長、府県議会及地方議会の議員並に国会の定むる其の他の府県及地方役員は夫れ夫れ其の社会内於て直接普通選挙に依り選挙せらるべし
第 87 条　首都地方、市及町の住民は、彼等の財産、事務及政治を処理し並に国会の制定する法律の範囲内に於て彼等自身の憲章を作成する権利を奪わること無かるべし
第 88 条　国会は一般法律の適用せられ得る首都地方、市又は町に適用せらるべき地方的又は特別の法律を通過すべからず　但し右社会の選挙民の大多数の受託を条件とするときは此の限りに在らず

(政府の憲法改正草案要綱)
第 8 章　地方自治
第 88 条　地方公共団体の組織及運営に関する事項は地方自治の本旨に基づき法律を以てこれを定むべきこと
第 89 条　地方公共団体は法律の定むる所によりその議事機関として議会を設くべきこと
　地方公共団体の長、その議会の議員及法律の定むるその他の吏員は当該地方公共団体の住民に於て直接これを選挙すべきこと
第 90 条　地方公共団体はその財産を管理し、行政を執行し及事務を処理するの権能を有し、かつ法律の範囲内に於いて条例を制定することを得べきこと
第 91 条　一の地方公共団体にのみ適用ある特別法は法律の定むる所により当該地方公共団体の住民多数の承認を得るに非ざれば国会これを制定することを得ざること

修正の主な点は、①タイトルを「地方政治」から「地方自治」とした。②地方自治体の種類は「府県、市、町」と分けられていたが一括して「地方公共団体」とした。③自治立法権として住民の「憲章」制定権が保障されていたが、法律の範囲内での「条例」制定権とし、その代わりに「地方自治の本旨」という文言を挿入した。

　明治憲法には、地方自治に関する根拠規定がなかったため、制度として保障されたものではなく、時の政府の考え方によっていかようにもなるものだったが、憲法に規定されたことは、制度的に保障され、法律をもってしても、変革することのできないものとなった。

　憲法は日本を占領していたGHQによる押し付けとの批判もあるが、政府がGHQと協議し、修正加筆し、国会で審議、可決したことは紛れもない事実だ。しかもGHQの強い指示がなければ、地方自治という理念は誕生することもなく、戦前にも増して強固な中央集権・官僚主導国家ができあがっていたに違いない。

地方自治の本旨とは何か

　憲法第92条では、地方自治に関する法律は、地方自治の本旨に基づき定めなければならない。つまり、地方自治の本旨に反する法律は違憲となるのだが、これほど重要な規定なのに、本旨とは具体的にどのような内容なのか、憲法上明らかにされておらず、立法措置に委ねられている。

　憲法学の通説では、地方自治の本旨とは、「住民自治」と「団体自治」の二つの要素からなっており、「住民自治」とは、地域の政治を住民が自らの意思と責任で決めること、「団体自治」とは国から独立して地域のことを地域が決めることで、それぞれ第93条、第94条で最小限のことを定めているとされるが、行政法学者の田中二郎氏の説を紹介しておこう。

　田中二郎氏は「要説行政法」の中で、元来、自治とは自ら治めること。即ち、自分たちのことを自分たちの手によって処理すること。これは、独立性と自律性を意味するもので、単に政治とか行政とかの面だけに限って現れる現象ではない。これが政治の領域に現れる場合には、治者と被治者との自同性が認められることを意味し、これを民衆政治ともいうことがで

きる。地方自治の本旨というのは、結局において、国の下に、地方自治体の「団体自治」及び「人民（住民）自治」の二つの意味における地方自治を確立すること、言い換えれば、地方に関する行政は、原則として、国の官庁がこれに関与することなく、地方自治体に移譲し、地方の住民自らの責任と負担において、これを処理すべきことを意味する。警察・教育その他、従来、国の行政官庁によって行われてきた行政を地方自治体に移譲したり、広汎な行政事務を、直接、その住民の手によって、または間接にその代表者によって行うこととしたり、地方の財政的基盤の拡充強化をはかったり、国の監督権を制限したりするのは、この地方自治の本旨を実現するための手段にほかならないと述べている。

憲法制定時に担当国務大臣だった金森徳次郎氏は「憲法遺言」の中で、明治憲法時代の地方自治体は、国家から権能を与えられた分身に過ぎず、国家によって運命を左右されていた。これに対し憲法第92条の規定は、地方自治体の基本的な独立を予想しており、地方自治の本旨は、この考え方を表明している。かく考えれば、地方自治の根本は、国家が完全に決定しうる理屈はないのであって、地方自治体自らが根源的に規定すべきものであり、同時に国家がこれを規定すべきものと思われる。そうなると同じ区域に併存する国家と地方自治体の間で激しい権限の争いが生じる。そこで両者の権能を調節する必要があると述べている。

単一制度か連邦制度か

通常、一つの国の中では、中央政府のほかに、広大な領土を管理するために州とか村とかといった地方政府を置くことになる。

このため中央政府と地方政府との間で権限の分配が必要になるが、できるだけ多くの国家権力を中央政府に集中させる場合を中央集権、できるだけ多くの権力を地方に分散させる場合を地方分権というが、どのような権力をどの程度地方に分散させるかは、それぞれ国によって異なる。学問の世界ではこれを政府間関係と呼び、単一制度と連邦制度とに分類する。

単一制度は、中央集権的な政府で、地方の権限は中央から委譲されたものであり、一方、連邦制度は、地方分権的な政府で、中央と地方との間に

は、上下主従の関係がなく、それぞれが自律的な関係にあるとされる。

　単一制度をとる国は、日本を始め、イギリス、フランス、イタリア、デンマーク、ノルウェー、フィンランド、スウェーデン、韓国、中国などで、連邦制度をとるのは、アメリカ、カナダ、ロシア、ドイツ、スイス、オーストラリアなど。欧州連合（EU）は「国家連合制度」といわれる。

　わが国は、国民主権の下での単一制度で、国民の負託を受けた国会が唯一の立法機関として、法律によって様々な制度をつくり、地方政府もそれに従うことになる。そこで、中央集権が強まれば、地方政府と中央政府との間で、「もっと権限、財源を寄越せ」「受け皿としての能力があるのか」といったせめぎ合いが続くことになる。

中央集権か地方分権か

　最も分権的な政治体制は連邦制といわれるが、中央集権との違いを整理して見よう。

(1) 中央主権システムは、全体を同じ水準にするため画一性、統一性、同質性、結果の平等が重視され、行政が全国共通で画一的となる。一方、地方分権システムは、住民のニーズや地域特性を踏まえた柔軟できめ細かな対応が可能となる。

(2) 中央集権システムは、政治が国民から遠く離れたところで行われ、官僚が権限、財源、情報を一手に握り、組織が肥大化し、利益誘導型政治や官僚主導型政治が生じやすい。一方、地方分権システムは、住民の身近なところで政策の立案や決定が行われるため住民が政治への観察力や批判力を養い、独裁や強権政治の防波堤となることができる。

(3) 中央集権システムでは、新たに発生した政策課題に対応する場合、法律の制定や改正に時間がかかるため迅速な対応が難しい。一方、地方分権システムでは、地域の実情に合った迅速な対応が可能となり、政策を先導する実験室としての役割を果たすことができる。

　わが国の統治の歴史を繙いて見ると、古代ヤマト政権の時代には、唐の脅威に備え中央集権国家を形成し、それが律令国家の時代へと受け継がれ、磐石なものとなったが、武士が力をつけた鎌倉幕府や室町幕府、織豊政権

の時代には、中央集権体制が崩れ、江戸幕府の時代には藩の自主性を尊重する地方分権的な体制となった。明治維新以後、欧米列強からの植民地化を防ぐため中央集権体制を布き、日清戦争、日露戦争、第一次世界大戦、第二次世界大戦、そして敗戦を迎える。その後GHQの占領政策により地方分権体制へと舵を切るが、朝鮮戦争の勃発により中央集権体制へと回帰する。

こうして見ると、戦争の気配が感じられるようになると、国力の強化をはかるため中央集権が強くなり、心穏やかに暮らせる平和の時代には地方分権が強くなるようだ。

地方分権改革とは何だったのか
わが国は、明治維新後、欧米に「追いつき、追い越せ」を国是とし、地方を中央に従属させ、統一化をはかるため中央集権体制をとってきた。戦後も民主化されたとはいえ、権限を手放したくない官僚の力が強く、この傾向は変わらなかった。

こうした中で、地方政府が全国的に注目を集めた時期が二度あった。

一度目は1970年代、神奈川県の長洲知事が「地方の時代」を提唱したときだ。二度目は平成5（1993）年、熊本県知事を務めた細川首相の下で始まった地方分権改革だ。いずれも過度な中央集権体制に異を唱え、地方重視を訴えるものだが、いわゆる革新系の知事が中心であった。

中でも地方分権改革は、地方自治の本旨を形成する「住民自治」と「団体自治」のうち、「団体自治」を拡充しようとするもので、明治維新、戦後改革に次ぐ「第三の改革」と喧伝され、大変な政治的エネルギーを費やし6年を要している。

地方分権を妨げる元凶といわれ、都道府県事務の8割、市町村事務の5割を占める機関委任事務を廃止したのは画期的だったが、官僚をできるだけ敵にまわさず「現実的で実行可能」な改革をめざす余り、法定受託事務と名前を変えた程度に終わった。法令解釈を細かく定め、地方公共団体を縛ってきた通達も廃止されたが、これも処理基準、技術的助言と名前を変えて生き続けている。もっとも人材を含め、法制機能が整っていない地方

自治体にとって、国から発せられる通知や行政実例、質疑応答などは行政執行上の拠りどころとして重宝されているものだ。

　結局、中央政府が仕事を決め、それを補助金や地方交付税のメニューとして財源を用意し、地方自治体がその実施主体となることを陳情によって獲得するという仕組みは何ら変わらなかった。住民にとっても、地域が活性化されるのではないかと期待したが、すぐに失望に変わる。明治維新以来培われ、全国の隅々にまで張り巡らされた官僚主導の行政は揺るぎもしなかった。

　むしろ中央省庁にとっては、法定受託事務が抑制されたことにより、地方経済産業局や地方運輸局など出先機関を拡充し、事務事業の直轄化という動きが顕著になった。

　この改革によって、初めて地方自治体と国との役割分担の基本原則が示された。これによると、国が担うべき事務は、①外交、防衛、通貨、司法など国家としての存立にかかわる事務②公正取引の確保、生活保護基準、労働基準など全国的に統一して定めることが望ましい事務③公的年金、宇宙開発、骨格的な交通基盤など全国的な規模で行わなければならない施策、事業とされ、地方自治体が担うべき事務は、地域における行政を自主的かつ総合的に広く担うとされた。しかし、あくまでも原則論で、地方自治の現場でどう生かされるかは、中央省庁の考え方次第だ。

　地方自治体が国に依存することなく自立していくためには、自主財源となる地方交付税の増額が欠かせない。しかし、地方交付税は、国税の一定割合を原資としているため、景気の影響を受け、不況時には大幅に減少するなどの課題を抱えている。

　地方分権改革は、「未完の分権改革」ともいわれる。残された改革課題として、①地方税財源の充実確保②法令等による義務付け・枠付けの緩和③道州制など地方自治制度の再編成④補完性の原理を踏まえた事務権限の移譲⑤住民自治の拡充⑥地方自治の本旨の具体化を上げているが、改革は頓挫したままとなっている。

あと一歩だった国の地方出先機関改革

　平成 21（2009）年に誕生した民主党政権では、地方分権改革を地域主権改革と呼び名を改め、引き継ぐものは引き継ぎ、さらに強力に進めるものは見直すという方針をとった。直轄事業負担金のうち維持管理費負担金の廃止、義務付け・枠付けの見直し、補助金の一括交付金化、国と地方の協議の場の法制化などを実現させたが、平成 24（2012）年自民党政権の誕生によって、補助金の一括交付金化が官僚の意向を汲んで廃止された。

　民主党政権下で実現はしなかったものの特質すべき取組みに、国の地方出先機関改革がある。国の地方出先機関には、国の総定員約 32 万人のうちの約 21 万人が勤務しており、国の危機的な財政状況を克服するためには、この改革が必須となっている。

　自民党政権下の平成 19（2007）年「骨太の方針 2007」に地方出先機関の抜本的な見直しを行うことが盛り込まれ、具体的な提案として、複数の地方出先機関を統合し、府省を超えた総合的な出先機関として「地方振興局」を編成する。直轄公共事業の実施を専担する組織として「地方工務局」を置くなどの方針が示された。地方分権というより地方出先機関の統合論で、官僚の抵抗を少なくしようとの意図が伺える。

　民主党の地域主権改革では、これらの方針をいったん仕切り直しとし、平成 22（2010）年「アクションプラン～地方出先機関の原則廃止に向けて」を閣議決定し、地方出先機関の事務・権限をブロック単位（北海道と沖縄県は単独）で地方に移譲するとした。具体的な受け皿として、関西広域連合（滋賀県、京都府、大阪府、兵庫県、和歌山県、鳥取県、徳島県、京都市、大阪市、神戸市、堺市で構成）と（仮称）九州広域行政機構（福岡県、佐賀県、長崎県、熊本県、大分県、宮崎県、鹿児島県で構成）が名乗りを上げた。平成 24（2012）年には「国の特定地方行政機関の事務等の移譲に関する法律案」を閣議決定し、平成 26 年度中に移譲を目指すというスケジュールも明らかにされたが、政権交代もあって棚上げされ、その後は手付かずのままとなっている。

　地方出先機関改革に取り組んだ元総務大臣の片山善博氏は「民主党政権とは何だったのか」の中で、「官僚からは様々な激しい抵抗があったが、ま

ず国交省の地方整備局と経済産業局、地方環境事務所の三つをセットでやることにした。全国でやることにするともの凄い抵抗を受けるから手上げ方式にしてやりたい地域から順次やっていく構想にした。そうしたら九州と関西広域連合が手を上げてくれた。北海道は開発局をそのまま移せばよいので真っ先に手を上げてくれれば具合が良かったが乗る気は全く感じられなかった。平成23（2011）年の夏までには法案がほぼできあがっていた。しかし、東日本大震災があって、国の地方機関が地域にあった方がいいのではないかという論調が強まった。そんなこともあり野田内閣になってお蔵入りとなった」と述べている。

　大規模災害時の対応を懸念し、反対したのは全国町村会や全国市長会だが、関西広域連合が防災や救急医療で成果を上げていることを考えると杞憂に過ぎない。むしろ、現場を熟知した「地方への移譲」により、住民の意思が的確に把握され、スピーディーできめ細かな対応ができるというメリットがあるのではないか。

2　地方自治の本旨を求めて

世界地方自治憲章草案の実現へ

　わが国で地方分権への議論が高まっている頃、世界でも、地方自治が民主主義にとって不可欠であり、国家社会を強化するものであるという認識が広まり、地方自治の国際標準を作ろうという動きが活発化した。

　まず、昭和60（1985）年にヨーロッパ評議会によって「ヨーロッパ地方自治憲章」が採択される。同じ年には、この憲章を世界各地に広げようと国際地方自治体連合の第27回世界大会で「世界地方自治宣言」が採択された。この宣言は、その後、国連機関による勧告として採択されるよう、平成10（1998）年には「世界地方自治憲章草案」として公表されたが、採択には至っていない。

　しかし、憲章や草案は、民主主義国家の地方自治に関する国際標準であり、わが国が民主主義国家であるためには、これらを一日でも早く導入す

べきだ。先に述べた平成12（2000）年地方分権改革の今後の課題でも、補完性の原理を踏まえた事務権限の移譲が上げられている。

　ここで草案の概要を紹介しておこう。草案は、前文と本文23か条で構成されているが憲章を踏まえた内容となっている。

《世界地方自治憲章草案の概要》

> 　前文では、「人民の意志は統治の権力の基礎である」「自由、人間の尊厳、持続的発展という普遍的な目標を実現するためには、地方自治体を強化する必要がある」「公的な事務と責任は市民に最も近い当局が遂行するという補完性の原則は民主主義と参加の発展の基礎であり、いかなる事務や責任の配分もこの原則に従わなければならない」「自由な選挙によって形成され、専門的規範と優れたローカルガバナンスを伴う地方自治体による強固な地方民主主義が、公的な説明責任と透明性を育み、腐敗に対して社会を強化する手段を提供する」ことなどを強調し、本文では、以下のような内容を掲げている。
> ①　地方自治の原則は、憲法や国内法で承認する。
> ②　地方自治とは、法律の範囲内で、住民のために、自らの責任で全ての公的事項を計画し、規制し、処理する地方自治体の権利、権限、権能をいう。
> ③　地方自治体は、法律で除外されていない全ての地方的事項について、自らの発意に基づいて取り組む完全な自由を有する。
> ④　中央政府や広域自治体から権限と責任を委任される場合、地方自治体は、地方の実情にあわせてその権限と責務を行使する自由を有する。
> ⑤　地方自治体は、自らに影響を及ぼすあらゆる事項について、計画策定や意思決定の過程に適当な時期に適切な方法で参加する。
> ⑥　地方自治体は、権能の範囲内で自由に使用し、処分すること

> ができる十分な固有財源または移転財源を与えられる権利を有する。地方自治体の財源は、事務や責任に比例し、財政の持続性と自立性を保障する。国からの事務や責任の移管、移譲は、相応する十分な財源を伴わなければならない。地方自治体の財源は、提供するサービスの費用を賄うための、かつ、自らその率を決定する権限を有する地方税、使用料及び手数料から得る。

補完性・近接性原理推進法の制定を

　わが国では、官治・中央集権体制の時代が長く、まず始めに国があり、国の指揮監督の下に都道府県、市町村、住民があるという考え方を当然のように受け止めてきたが、補完性・近接性の原理では、これが逆になっており、まず住民がいて、住民自らができないことを市町村が引き受け、市町村ができないことを都道府県、都道府県ができないことを国が行うという考え方だ。こうした視点から見ても、わが国の地方分権改革は、未完のままで国際標準の入口にすら立っていないように思われる。

　そこで筆者は、わが国に補完性・近接性の原理を根付かせるために、この原理の妨げとなる個々の法律の規定より、地方公共団体が定める条例の規定が優先するという仕組み、補完性・近接性原理推進法の制定を提案したい。

　この推進法は、「地方自治体は、補完性・近接性の原理に則り、地域の特性に応じた施策を進めるために必要と認められる場合には、法律や政令、省令の規定にかかわらず、条例で必要な事項を定めることができる。条例はこの法律で指定する」旨の規定を設ける。つまり地方自治体がイニシアチブをとって、補完性・近接性の原理を進める上で妨げとなっている法律や政令、省令の規定を条例の規定に置き換えるというものだ。

　こうした基本法を制定した上で、毎年1回、地方自治体から、条例の提出を受け、総務大臣が審査し、必要と認めた条例について、補完性・近接性原理推進法の一部改正を行い、指定していく。もちろん指定しなかった場合には、その理由を明らかにしなければならない。条例には、指定を受

けなければ効力を有しないという規定を設けることになる。これにより地方自治体の政策形成能力の向上が期待できる。

通常、条例は法律の下位のものと思われがちだが、果たしてそうだろうか。憲法では、地方自治に関する法律は、地方自治の本旨に基づき定めるとされており、一方、条例は、法律の範囲内で定めることができるとされている。そこで、仮に、地方自治の本旨をないがしろにする法律が存在する下で、地方自治の本旨を100％満たす条例が制定され、両者が抵触する場合、いずれが有効となるであろうか。最終的には、最高裁判所の判決を待たなければならないが、物の道理から考えると、法律より条例が有効と考えられる。地方自治の本旨とは、かように重いものだ。

この提案は、条例対法律の形をとらずに、条例をいったん法律の中に取り込み、法律対法律の関係にしようとする。こうすることによって、国会の立法権にも抵触せず、「後法優先」「特別法優先」の原則にも適うことになる。

これと似たような仕組みに構造改革特区や道州制特区、国家戦略特区があるが、特区は国が主導し、規制緩和を狙いに期間や地域を限定し、地域から提案を受付、国が認めるものだ。しかし、この提案は、地方が主体的に進めるもので、必要と考えた時に、いつでもできるというメリットがある。

3 地方の統治体制を変える道州制構想

道州制構想は政権によって変わる

地方の統治体制を大きく変えるものに道州制構想がある。現行憲法の枠内で、都道府県を越える広域の行政体制のあり方を考えるもので、そのためには、連邦制をとらないこと、基礎自治体である市町村を存置させることが要件となる。

類型としては、国の総合地方出先機関としての性格を有する「官治型道州制」、もう一つは地方団体としての性格を有する「自治型道州制」に分け

ることができる。道州制の下で、都道府県を存置させるのか、廃止するのかも大きな論点とされる。

　道州制の導入について、これまで政府の審議会で3回取り上げられたことがある。その概要を紹介しておこう。

　1回目は、昭和2（1927）年田中義一内閣の行政制度審議会による「州庁設置案」だ。この案は、州（国の地方出先機関）─府県（地方団体）─市町村（地方団体）の三層制にしようとするもので、官治型道州制だ。北海道は府県制や町村制が施行されていなかったため対象外で、州は東京、仙台、名古屋、大阪、広島、福岡の6州とされた。

　2回目は、昭和32（1957）年第四次地方制度調査会が岸首相に答申した「地方制案」で、現行の府県を廃止し、国と市町村との間に「地方」を置く二層制だ。「地方」は7ないし9とし、地方自治体と国の地方出先機関としての性格を併有し、その長は国家公務員とする「官治型道州制」だ。また、「地方」に移譲できない国の事務を処理するため、「地方」の管轄区域に国の総合出先機関「地方府」を置き、「地方」の長が兼ねる。北海道は単独で一つの「地方」を形成する。しかし、この案は、中央集権を強化するとして強い反対を受けたため、「府県の統合案」も併せて答申された。

　3回目は、平成18（2006）年第二十八次地方制度調査会が小泉首相に答申した「道州制案」だ。この案は、都道府県を廃止し、地方自治体としての道州を置き、市町村との二層制とする「自治型道州制」だ。国の地方出先機関の事務はできるだけ道州に移譲し、府県の事務は大幅に市町村に移譲する。道州の予定区域として9ないし13を例示し、都道府県は変更案を提出することができる。全国同時実施を原則とするが、関係府県の協議が整えば先行実施も可能とした。道州の長は直接公選とし多選を禁止、北海道は一つの道州を形成する。しかし、府県の廃止や市町村のさらなる合併を企図したため反対論が強かった。

　道州制を導入しようとする動機は、中央集権体制の一層の強化を図ろうとする場合、地方分権を一層進めようとする場合、国の行財政改革を進めようとする場合が考えられるが、その狙いがどこにあるのか注意する必要がある。

明治維新の廃藩置県以来、約150年間、国民の間に定着してきた都道府県制を変えるのは大変な事業だ。府県を単位に置かれた産業経済団体や医療福祉、教育文化団体など各種団体にも影響を及ぼし、中央省庁の官僚の抵抗も激しく、筆者は実現は難しいと考えている。

幻想だった道州制特区推進法
　平成18（2006）年第一次安倍内閣の時に、いわゆる「道州制特区推進法」が成立した。これは、平成15（2003）年小泉首相が、自民党に対し「北海道で道州制の実験をやってくれ」と指示したのが始まりだった。
　小泉首相の狙いは「外務省は5,000人しかいないのに何で北海道開発局で6,500人要るんだ」と述べているように、開発局や経済産業局など国の地方出先機関を廃止し、北海道に一元化することだ。しかし、北海道は、職員の人件費カットなど財政再建を進めている途上であり、人件費の増大を抑えたいという思いから、「国の地方出先機関と道との事務事業の一元化」であるとか「機能等統合」さらには「まず道内の地方出先機関を統合し、その上で道との統合という二段階統合論」を検討し、小泉首相の思いに応えることができなかった。
　道州制特区推進法は、「道州制特別区域における広域行政の推進に関する法律」というのが正式な名称だ。北海道に限定すると憲法第95条の対象となるので、それを避けるため「道州制特別区域」を設け、その中の都道府県を「特定広域団体」と称し、北海道のほか将来三つ以上の都道府県が合併した場合にも対象となるよう一般化している。法律は平成19（2007）年4月1日から施行され、5年間の時限立法だったが、延長され今も存続している。
　しかし、肝心の「道州制特別区域」とは、地方分権をめざすモデル地域をいうのか、単に三つの県を合わせたような面積の広い地域なのか、これが明らかでないため、提案するに当たっての目標がなく、全くといって良いほど成果が上がっていない。他の県からも「特定広域団体」に名乗り出る気配は全くない。

4　都道府県の歴史をたずねて

都道府県の始まりは府藩県三治の制

　ここからは、都道府県の歴史を概観しておこう。

　都道府県の始まりは明治維新にまで遡る。明治新政府は、慶応4（1868）年政体書を制定する。政体書は政府の組織を定めるもので、中央集権国家をめざし中央政府に太政官を置いた。王政復古の趣旨を体し、奈良時代に制定された大宝・養老律令の制に倣うものだ。

　地方制度は、江戸時代の藩をそのまま残し、旧幕府領のうち枢要の地を府、それ以外の地を県とする府藩県三治の制を定めた。4府、274藩、45県で、これが都道府県の始まりとなる。だが、府県よりも藩の数が多く、年貢の徴収権や兵は依然として藩が握っており、国内統一に支障を来したため、新政府は藩の解体をはかる。明治2（1869）年には、藩主が土地と人民を朝廷に返上する版籍奉還を進め、明治4（1871）年には、藩を全て廃止し府県を置く廃藩置県を断行した。

　江戸時代には中央政府として幕府が存在し、地方には大名（藩）が置かれ、幕府と藩がそれぞれ土地と人民を統治する、いわゆる幕藩体制が布かれ、幕府は参勤交代などで藩を統制するものの、藩の政治には口出しをせず、地方分権的な体制だった。これに対し新政府は、西欧列強に追いつくことを目標に天皇を中心とする中央集権型の統治体制を布いた。

　勝田政治氏によると、江戸幕府では「藩」という呼び方を公式には使用しておらず、一部の学者が用いていたが、政体書で使用されてから普及したという。公式には、松前志摩守、松前候、松前領など大名の名前で呼んでいたが、本書では便宜上「藩」と呼ぶことにする。

　廃藩置県による府県は、国の地方出先機関だが、明治23（1890）年には府県制を制定し、地方団体としての機能を併有させ、明治32（1899）年には法人格を付与した。昭和18（1943）年には東京府を東京都とし、終戦直後の昭和21（1946）年には、府県とは異なる取扱いをしていた北海道に府県並みとする道制を布き、道府県制とした。昭和22（1947）年、憲法と同

時に施行された地方自治法によって、都制、道制、府県制を一本化し、現在の都道府県制度がつくられた。

　都道府県は、日本の国土を分割し区分するもので、この区域内で、国から認められた種々の公法上の権限を行使し、区域内に住所を有する者は、その住民とされる。都道府県の名称や区域は、地方自治法で「従来の名称による」、「従来の区域による」とされている。つまり地方自治法の施行当時、既に現在の都道府県が成立していたことを前提とし、それをそのまま踏襲するというもので、それぞれの都道府県がいつ成立したか、その名称や区域は何を根拠にしているかは、歴史をたどらなければ分からない仕組みになっている。しかも、都道府県といっても、かつては国の地方出先機関であったことから、その行政区画のことをいうのか、あるいは地方団体のことをいうのか、それによっても、成立時期が違ってくる。

　都道府県の名称は、太政官布告によって定められているが、地方自治法によって、これを変更するときは、憲法第95条に基づく特別法を制定し、その上で住民投票に付さなければならない。大阪府を大阪都に、滋賀県を近江県に、長野県を信州県に変えようという動きも見られるが、ハードルは高い。

都道府県の源流は大宝・養老律令

　都道府県の源流をさらに遡っていくと大宝・養老律令に行き着く。この律令では、中央の行政組織と併せて地方行政区画を定めているが、地方行政区画は、国と呼ぶものを基本に、さらに広域的なまとまりを道と呼んでいた。道名、国名は、漢字2文字で表し、五畿七道、令制国とも呼んだ。国には国司を置き、当初は行政上の区分だったが、戦国時代以降は国司も置かず、もっぱら地理上の区分として用いられるようになった。

《王政復古の大号令時に存在していた令制上の地方行政区画・5畿7道》

道	国　名
畿内	山城、大和、河内、和泉、摂津
東海道	伊賀、伊勢、志摩、尾張、三河、遠江、駿河、伊豆、甲斐、相模、武蔵、安房、上総、下総、常陸
東山道	近江、美濃、飛騨、信濃、上野、下野、陸奥、出羽
北陸道	若狭、越前、加賀、能登、越中、越後、佐渡
山陰道	丹波、丹後、但馬、因幡、伯耆、出雲、石見、隠岐
山陽道	播磨、美作、備前、備中、備後、安芸、周防、長門
南海道	紀伊、淡路、阿波、讃岐、伊予、土佐
西海道	豊前、豊後、筑前、筑後、肥前、肥後、日向、大隅、薩摩、壱岐、対馬

　令制国は、平安時代以降江戸時代まで改定されていないが、明治政府は、王政復古を方針としたことから、その正当性を示すため、広く膾炙している令制国を踏襲し、東北と蝦夷地に新たな国を設けた。

　まず明治元（1868）年、東山道の陸奥を「陸奥、磐城、岩代、陸前、陸中」の5か国に分割し、出羽を「羽前、羽後」の2か国に分割した。翌明治2（1869）年には、蝦夷地を「道」の一つとし「北海道」と名づけた。これにより全国は五畿八道となる。北海道には11の国「渡島、後志、石狩、天塩、北見、胆振、日高、十勝、釧路、根室、千島」を置いた。明治4（1871）年には西海道に琉球を加えた。

　令制国は、府県という呼び方が定着することによって、地理上の区分としての意義も薄れてきたが、1,300年以上経った今もなお各地に根付いており、安芸の宮島、阿波踊り、讃岐うどん、但馬牛、越前竹人形など地域のブランド名として愛用されている。

なぜ北海道は廃藩置県、府県制が適用除外とされたのか
　廃藩置県は当時、令制国が置かれていなかった北海道と琉球（沖縄）は対象外とされた。中央集権国家をめざし全国一斉に実施しようとしたが、

まず内地を対象とし、制度が安定した後に、北海道、琉球（沖縄）に広げて行く考えのようだった。明治4（1871）年、岩倉欧米使節団と留守政府との間で、留守政府が勝手なことをしないようにと12款にわたる約定書を交わしているが、その第7款に「廃藩置県の処置は内地政務の純一に帰せしむべき基なれば条理を遂げて、順次其の実効を挙げ改正の地歩をなさしむべし」とあるのが、それを物語っている。

琉球は、一旦鹿児島県に編入された後、明治5（1872）年琉球藩とされ、明治12（1879）年沖縄県となった。

一方、北海道は明治維新後、中央政府機関の開拓使が所管したが、ロシアの脅威に備えた警備体制を自前で整備できないことから、いわゆる分領支配体制をとっていた。これとは別に、道南地方には福島、津軽、檜山、爾志の4郡を所管する館藩（松前藩を改称）が置かれていた。廃藩置県により分領支配は廃止されたが、館藩は開拓使の所管とはならずに、いったん館県となり、二か月後に海を隔てた対岸の弘前県に統合された。しかし、4郡から不便だという要望を受け、一年後には開拓使に移管、これにより開拓使が北海道全域を所管する。

明治15（1882）年には、開拓使が廃止され、函館、札幌、根室の3県が置かれたが、県とは名ばかりのもので、内地の府県に適用されていた府県会規則、地方税規則は適用除外のままだった。3県は僅か4年で廃止、代わって北海道庁が置かれる。明治23（1890）年、府県制が実施されるが、北海道には適用されなかった。その後、昭和21（1946）年の道制や昭和22（1947）年の都道府県制を布く際に、県を置くチャンスもあったと思われたが、結局、道制を踏襲し県を置かず今に至っている。

明治維新以来、政府の目標は、欧米先進諸国に追いつくため、集権的一元的な近代国家を建設することで、北海道にも、内地の府県と同様に県を置くことをめざすが、人口希少な未開の地に県を置くことは適わなかったのだろう。

都、道、府県の違いは何か

わが国の統治構造は、先に述べたように単一制度であり、中央政府の下

に、都道府県、市町村を置く二層構造となっているが、都道府県は「都」「道」「府」「県」と名称こそ違うものの、面積や人口に関係なく、同じ仕事を担う地方団体と位置づけられている。しかし、都や道は府県の特例という扱いで、名前が違うように、その実態は微妙に違っている。

　都は今のところ東京のみで、昭和18（1943）年の東京都制に基づいている。区を置き、区長は住民が選ぶ。人口が多く、税収に恵まれ地方交付税を受けていない。府は、大阪、京都の二つで、府藩県三治の制で府と定められ、それが廃藩置県を経て府県制へと受け継がれた。東京都も元は府だった。県は43あり、府藩県三治の制で県と定められ、それが廃藩置県、府県制へと受け継がれたもので、米軍基地の7割を抱える沖縄だけは特別な財政措置が講じられているが、他の府県はすべて同じ取り扱いで、府県の区域は、藩や令制国をベースにしている。

　道は今のところ北海道一つしかないが、府県の合併により「東山道」などの設置は可能だ。北海道は昭和21（1946）年の道制に基づいている。拓地殖民事業を効率的に進めるため、県を置かずに広域の行政機関という形をとっている。

　府県が合併によって、道制に移行することは可能だが、道制に移行したいという希望は、これまで聞いたことがない。政府が進める地域政策の基本単位が都道府県となっており、規模の大小にかかわらず道も府県も同じ一つの県というのでは、規模が大きくコスト高となる道制よりも府県制の方が良いということだろう。

　内地、外地という区分
　都道府県制度を考える上で、内地、外地という概念も重要な意味を持っている。
　北海道は、先住民族のアイヌの人々（以下「アイヌ」と称する）のほか、本州や四国、九州からの移住者によって地域が形成されたところで、移住の一世や二世が少なくなった今では、余り聞かれなくなったが、本州、四国、九州を指して内地と呼んでいた。私の母も戦後徳島県から北海道に渡ってきたが、故郷の思い出を語るとき、徳島県とは言わずに内地と呼ん

でいた。この内地という言葉には何かしら北海道に対する優越感が込められているように思えてならなかった。内地の反対は外地だが、だからといって北海道を外地とは認識していなかったようだ。内地でも外地でもないとすると、どう捉えればよいのだろうか。

ところで、内地とは、一種の地理上の区分だが、使われ始めたのはいつ頃だろうか。筆者は、王政復古の大号令が発布された明治維新からと考えており、当時、令制国が置かれていた本州、四国、九州とそれが適用されていなかった蝦夷地、琉球を区別する狙いがあったと思われる。その後、蝦夷地と琉球にも令制国が置かれたが、内地と呼ばれることはなかった。

公文書上でも内地という表現が使われている。例えば、明治元（1868）年、岩倉具視の意見書に「蝦夷地開拓着手の儀は、当今の処内地の根礎未だ相立不申、自ら先後寛急の順序可有之候へ共、皇威を海外に輝し候義は蓋蝦夷地開拓着手より始まるもの有らん。第一に夷の名称を改め、好字面を撰て国名を被附度」との記述がある。明治2（1869）年、右大臣から開拓使への達書の中にも「内地人民漸次移住に付土人と協和生業蕃殖候様開化心を盡すべき事」とある。

開拓使公文録の中にも、明治3（1870）年の開拓政策順序の件では、将来見込みの政策として「内地同様府県の制を定むべき事」とある。先に上げた岩倉欧米使節団と留守政府との約定書の第6款にも「内地の事務は大使帰国の上大いに改正するの目的なれば、其の間なるべきだけ新規の改正を要すべからず。万一止むを得ずして改正することあらば、派出の大使に照会をなすべし」とある。

ところが開拓使は、内地という表現が意に沿わなかったとみえ、明治6（1873）年に「従前諸公文上北海道を北地、他道を内地杯と唱え来候処、向後北海道又は他道及び他の府県と唱えべし」と内地の使用を禁ずる達書を出している。しかし、使用禁止にもかかわらず、本州、四国、九州を一括りで呼べるという便利さもあって、内地という呼び方はなくならなかった。明治18（1885）年、太政官大書記官金子堅太郎が、北海道巡視の結果を報告した「北海道三県巡視復命書」でも内地という表現が随所に使われているし、明治20（1887）年初代北海道庁長官岩村通俊が全道郡区長会議で述

べた施政方針演説の中でも使われている。

　国の行政機関では、今なお重宝しており、例えば地域によって補助率が異なる補助制度では、本州、四国、九州を一括りにして内地とし、他は北海道、沖縄、特定離島などと区分している。地域区分としては便利な表現といえよう。また最近知ったのだが、昭和58（1983）年、日本コロムビアから発売された歌謡曲「厚田村」（作詞山田孝雄、作曲浜圭介、歌手新沼謙治）の中にも内地という歌詞がある。

北海道は準内地だ

　内地、外地という言葉が、統治上の概念として登場するのは、明治28（1895）年台湾を領有してからだ。明治憲法には領土に関する規定がなかったため、新たに獲得した領土に憲法や国内法をどう適用していくのか、つまり「内地」とするのか「外地（植民地）」とするのかが問題となった。

　明治憲法第5条によると、法律の制定は帝国議会の協賛を経るとされるが、台湾の統治に当たって、政府は、帝国議会の関与をできるだけ排除したいと考えていた。憲法を改正する考えもなかった。そこで、「台湾に施行すべき法令に関する法律」を制定し、台湾総督に議会の協賛を得なくとも定め得る立法権を与え、同時に国内法を施行する場合には、別に勅令で定めることができるようにした。内地のようでもあるし、外地のようでもある曖昧な取扱いだ。超憲法的ともいえる取扱いのため、3年間の時限措置としたが、その後も延長する。同種の法律は、後に朝鮮や南樺太でも制定されるが、外地法令法と称される。

　内地と外地の違いについて、松岡修太郎氏は「外地法」の中で、外地とは一国家の領土の中で、その国家の憲法に定められた全国的普通の統治方式の主要なる部分について、ある程度の例外的統治が行われている地域をいう。これに対して、憲法所定の普通の統治方式による統治の行われている地域を内地という。内地は本来の領土、外地は後に附加された領土であるのを通常とするが、新領土は必ずしも外地として統治せられるとは限らないと述べている。憲法上の例外扱いとは、憲法そのものに例外規定を設ける場合と、憲法の規定はそのままだが、実質的に例外規定を設ける場

合とがあり、外地が内地に編入されることもあるという。また、純粋の領土でない地域でも、条約により、領有すると同時に統治権の行い得る場合には、「準外地」と称し、広義の意味で外地に含まれるという。関東州、南洋群島がこれに該当する。

外地という語は、植民地という語を忌み、これに代わり、内地という語に対して作られたが、法令上の用語としては採用されず、個別の地名で表されている。一方の内地は、大正7（1918）年に制定された「共通法」で法律用語として採用されている。

筆者は、外地のなかに「準外地」という概念があるのであれば、内地のなかにも「準内地」という概念があっても良いと考えているが、ヒントを与えてくれたのは、山本有造氏の「日本植民地経済史研究」と柴田啓次氏の「北海道一・二級町村制度の変遷」だ。両氏も「準内地」と表現しているが、外地である台湾や朝鮮、南樺太を内地に近づけることと捉えているようだ。

これに対し、筆者が考える「準内地」とは、内地には属するが、しかし、内地で適用されている基本的な法律、例えば参政制度や納税、徴兵、府県制、市町村制などが適用されなかったり、あるいは内地とは異なる取扱いが行われる地域と捉えている。

例えば、衆議院議員の選挙権は「北海道、沖縄県及び小笠原島においては将来一般の地方制度を準行する時に至るまで此の法律を施行せず」とされた。町村制では「此の法律は北海道、沖縄その他勅令をもって指定する島嶼に之を施行せず別に勅令をもって其の制を定む」とされ、必要な制度は外地法令法と同様に勅令で定めるとされた。

北海道の歴史をたどってみると、遠く先史の時代から内地の府県とは異なる歩みを続けており、明治維新後も令制国の対象にはなったものの廃藩置県や府県制は適用されなかった。まさに準内地の取扱いといってよいだろう。

昭和初期における内地、準内地、外地、準外地の関係

～　内　　　　地　～		～　外　　　地　～	
内地	準内地	外地	準外地
本州、四国、九州	北海道、沖縄、南樺太	朝鮮、台湾	関東州、南洋群島

　北海道が内地の府県とは異なる取扱いを受けている事実に異論を挟む余地はないが、それをどう表現するかについては様々な捉え方がある。「内国植民地」と捉える学者もいる。北海道開発庁設置法案を審議する国会の委員会で増田国務大臣（内閣官房長官）は、半植民地という捉え方をしている。高江洲昌哉氏は北海道と同様の取扱いを受けてきた沖縄県を「内地の中の異法域」と表現している。

　北海道には、今なお、準内地の取扱いが行われているものが二つある。一つは県を置かずに広域行政区域の道制を布いていること、二つには中央政府が総合開発事業（戦前は「拓地殖民事業」と呼んだ）を進めるため北海道開発法を制定していることだ。

　沖縄も県を置くものの、全国の米軍基地の約7割が集中していることから総合振興事業を進めるため沖縄振興特別措置法を制定している。だが、いずれの地域も国土形成計画法の対象外とされている。

　北海道が令制国の仲間入りをしてから150年、いつまでも準内地のままで良いのだろうか。筆者は、内地の府県との地域格差や北海道内での札幌一極集中が生ずるのは、準内地であることが要因と考えている。この辺で準内地からの脱却を考えてはどうだろうか。北海道から声を上げない限り、準内地の取扱いは続くことになる。法律や制度は主権者が作るもの。不条理な仕組みは改めて然るべきだ。

準内地としての取扱い事例

　北海道がなぜ準内地としての取扱いを受けてきたのか、その理由は明らかではないが、内地では早くから国家の支配を受ける令制国制度が布かれていた。しかし北海道では、令制国制度に組み込まれたのは明治維新後で、

その後も、山林原野に覆われた人口希少の未開の地として認識され、中央政府の庇護が必要とされ、今日に至っている。一度つくられた制度は、いつまでも生き延びようとするもので、歴史の積み重ねが大きくかかわっているようだ。

　北海道が原始・古代の時代から今日に至るまで内地府県と異なる取扱いを受けてきた仕組みや制度を一覧にすると次のとおりとなる。

統治制度等	内地府県の場合	準内地・北海道の場合
弥生文化	中国大陸から伝わった水稲耕作が広まり食料の採取から生産へと移っていく。	寒冷なため水稲耕作が広まらず、縄文文化から北海道独自の続縄文文化、擦文文化、アイヌ文化へと移っていく。
令制国制度	大宝元（701）年唐をモデルに律令制度を定め、地方行政区画を道、国、郡、理とする。	明治2（1869）年まで適用されなかった。
大名知行制	慶長8（1603）年徳川家康が全国を統一し、江戸に幕府を開き、大名知行制を確立する。	慶長9（1604）年松前志摩の守が徳川家康の支配下となるが、米の生産が行われていなかったため、知行制に代わりアイヌとの交易権が認められる。
廃藩置県	明治維新後、新政府は地方統治体制として慶応3（1867）年府藩県三治の制を定め、明治2（1869）年の版籍奉還を受けて明治4（1871）年廃藩置県を実施する。	適用除外とされ開拓使が置かれた。松前藩はいったん舘県となったが、すぐに対岸の弘前県に統合された。開拓使が廃止されてから約4年間、函館、札幌、根室の三県が置かれたが、内地府県とは異なる仕組みだった。
徴兵制	明治6（1873）年各藩が所有していた藩兵に代わり20歳以上の男子を対象に国民皆兵とする。	独自の屯田兵制度を実施するため適用除外とされたが、明治22（1889）年函館、江差、福山で、明治29（1896）年には渡島、胆振、後志、石狩で、明治31（1898）年からは全道で実施された。
地租改正	明治6（1873）年米の年貢に代えて土地の所有権を認め、地価を定め、そ	未開の山林原野が多かったため、適用除外とされ、明治9年に至って独自に地租創定と位置づけ、地

4　都道府県の歴史をたずねて

統治制度等	内地府県の場合	準内地・北海道の場合
	れに3%の税金を課した。	価の1%が税金とされた。
市町村制	地方統治の基本制度として、明治4（1871）年の戸籍法に始まり、明治5（1872）年大区小区制、明治11（1878）年郡区町村編制法、明治13（1880）年区町村会法、そして明治21（1888）年の市制町村制へと受け継がれていく。	戸籍法は全国共通の制度として北海道でも実施されたが、それ以外は人口希少、未開の地であったため適用除外とされた。しかし、開拓使の意向により大区小区制、郡区町村編制法、区町村会法は準用して実施された。 市制町村制は次のように遅れて実施される。 　明治32（1899）年：内地府県の市制に準じた区制を函館、札幌、小樽で実施。 　大正11（1922）年：市制 　明治33（1900）年：内地府県の町村制に準じた1級町村制を実施。 　明治35（1902）年：1級町村以外の地に2級町村制を実施。2級町村にも満たない地は、引き続き戸長役場を設置。 　昭和18（1943）年：1級町村制を内地府県並みの町村制に、2級町村制を指定町村制に。 　昭和21（1946）年：指定町村制を内地府県並みの町村制に。
市町村会議員の選出	明治13（1880）年区町村会法で実施し、市制町村制に受け継がれていく。	適用除外とされたが、開拓使の意向により明治13（1880）年函館で区会を準用実施。明治32（1899）年北海道独自の区制、明治33（1900）年1級町村制、明治35（1902）年2級町村制、昭和18（1943）年指定町村制で準用実施される。
府県制	明治4（1871）年に廃藩置県、明治11（1878）年には府県会規則、地方税	全て適用除外とされたが、明治34（1901）年北海道会法、北海道地方費法を、昭和21（1946）年道制が

統治制度等	内地府県の場合	準内地・北海道の場合
	規則を経て、明治23（1890）年府県制を実施する。	施行される。
府県会議員の選出	明治11（1878）年府県会規則により実施し、府県制に受け継がれていく。	適用除外とされたが、明治34（1901）年北海道会法により実施し、昭和21（1946）年道制に受け継がれていく。
衆議院議員の選出	明治23（1890）年に実施。	適用除外とされたが、明治35（1902）年函館、札幌、小樽で、明治37（1904）年全道で実施される
国土総合開発法	昭和25（1950）年施行 平成17（2005）年国土形成計画法に移行	適用除外とされ、昭和25（1950）年北海道開発法が施行される。

第2部　北海道の統治の歴史をたずねて

1 大宝・養老律令と蝦夷地との関わり

小国分立からヤマト政権の誕生へ

　ここからは、北海道の統治の歴史をわが国の歴史に重ね合わせながら、北海道が内地府県とは異なる歩みを続けざるを得なかった経緯や、背景を明らかにしていきたい。その際、各時代を象徴する16の出来事を中心にまとめてみた。

　それでは、原始・古代の時代から話を進めていこう。

　北海道が縄文文化の時代から続縄文文化の時代へと移っていく間、九州、四国、本州では弥生時代を迎える。

　弥生時代は紀元前4世紀頃から紀元3世紀まで続くが、中国・朝鮮半島から伝わった農耕技術により水稲耕作が始まり、食料の採取から生産へと移っていく。この農耕社会は、蓄積された余剰生産物をめぐる争いの時代でもあり、各地に「クニ」と呼ばれる政治的まとまりの小国が分立していた。小国の王たちは、先進的な文物を手に入れ、自らの地位を高めようと中国や朝鮮半島に使者を送っていた。中国の歴史書「漢書」によると、当時中国では、日本人を「倭人」、その国を「倭国」と呼んでいた。やがて、3世紀前半頃には小国が連合し、その盟主を大王と称するヤマト政権が誕生する。

　中国・朝鮮半島でも小国の分立状態から戦いを経て、統一国家の形成へと進んでいくが、戦乱を逃れた多くの渡来人が海を渡って、鉄器の生産、機織り、金属工芸、土木などの技術や、儒教、仏教、漢字、医学、易学などの学術文化をヤマト政権に伝えるようになる。

　589年に中国で隋が統一王朝として誕生すると、ヤマト政権は、遣隋使や留学生、学問僧を隋に送り、先進的な中国の制度、思想、文化を吸収する。618年には隋にかわって強大な唐が誕生し、律令を制定するなど国内の支配体制を強め、一方では国域の拡大をめざし朝鮮半島への侵攻を始めると、周辺の東アジア諸国は唐の脅威に備え、国内の統一を急いだ。ヤマト政権では、唐から学びながらも従属することなく自立をはかるという道

を選択し、遣唐使や留学生、学問僧らを送り、先進的な政治制度や国際的な文化を吸収し、統一国家の形成を進めていく。

　大化元（645）年には、中大兄皇子らが王族中心の中央集権体制をめざし、蘇我蝦夷・入鹿を滅ぼし、新しい政権をつくった。新政権は、唐の制度をモデルとし、それまで王族や豪族が個々に私有していた土地、人民を全て新政権のものとする公地公民制や国家体制を担う官僚制を整えていくが、これらは後の律令制度の先駆けとなる。

　663年朝鮮半島の百済の再興を支援するため海を渡り唐・新羅の連合軍と戦うが白村江で完敗し、改めて唐の強大な国力を実感する。これにより唐・新羅軍の来攻に備え山城を築いて防御を固める一方、遣唐使を送って外交面からの融和をはかることになる。

律令制度と「日本国」の成立

　日本の歴史は大きな節目や時代の変わり目ごとに、いつも諸外国からの強い圧力に対応しつつ、自らの道を切り開いてきた特色を持つとされる。律令国家の形成もその一つだ。律令国家とは法に基づき国家を運営しようとするもので、律は、今日の刑法に当たり、令は行政組織や官吏の勤務規定、人民の租税・労役などを定めた行政法で、国家の基本法典となるものだ。

　わが国の律令制度は、まず奈良時代の689年に令のみを定めた浄御原令が制定された。網野善彦氏は「日本社会の歴史」の中で、この令で倭に替わる国号「日本」、大王に替わる王の称号「天皇」が始めて制度的に定められたと述べている。

　大宝元（701）年には令と律を定めた本格的な大宝律令が制定され、天平宝字元（757）年には、それを一部修正する養老律令が制定された。

　古代社会で血縁による氏族共同体が国家へと移行していく際には、住民を居住地ごとに把握し、軍隊・警察などの公権力と租税の徴収権を持ち、これを執行する官僚組織を備えるのが特徴とされるが、わが国の律令制度でも、公民（一般人民を指し、百姓あるいは農民、平民ともいわれた）に土地を与え、見返りとして徴税と徴兵を行い、それを運用するために官僚

組織を整えている。

　律が定める刑罰は、笞、杖、徒、流、死の五罪があり、国家、天皇、尊属に対する罪は特に重罪とされた。

　令が定める中央行政組織としては、天皇を頂点とし、神々の祭りを司る神祇官と行政全般を管轄する太政官の二官を設け、神祇官には長官である神祇伯以下の職員、太政官には、太政大臣、左大臣、右大臣、大納言などの職員を置き、太政大臣、左右の大臣、大納言が議政官として合議機関を構成し、その下に中務、式部、治部、民部、兵部、刑部、大蔵、宮内の8省が置かれ政務を担当した。太政官の外部に「令外の官」を置くこともあった。行政組織の政策や人事は、太政官が案を奏上し天皇が裁可した。

　地方組織としては、全国を畿内・七道に区分し（令制国といわれる）、国、郡、里を置き、国司、郡司、里長が任じられた。国司は中央の貴族が派遣され、役所である国府を拠点に国内を統治した。郡司は、もともとの地方豪族が任じられ、郡の役所である郡家を拠点に郡内を支配した。七道にはそれぞれ、都と諸国とを結ぶ幅十数メートルで舗装された計画的な大道路が直線的に作られ、約30里（16キロ）ごとに駅屋が置かれ、乗馬が配置され、公用で都と諸国の間を往来する官人たちが利用した。中央政府が出す公文書は、七道ごとに送られたという。

　網野善彦氏は「日本社会の歴史」の中で、律令制度では、それまで口頭で行われてきた命令や報告を、全て文書で行う徹底した文書主義が採用され、国家の官人となるためには、後宮に組織された女性の官人も含め、文字（漢字）・文章を学び、それを駆使できなければならず、文字は、郡司、里長など地方末端の役人にまで浸透していったと述べている。

　官人には、能力があり国家試験に通れば家格の高下にかかわらず公民であっても採用される建前になっており、広く人材を養成するために中央に大学、諸国に国学が設けられた。

　公民は、戸主を代表者とする戸を単位に戸籍と計帳に登録され、6歳以上の男女の数に応じて一定の口分田が与えられ、税が課せられた。税は、租、調、庸、雑徭、公出挙があり、租は口分田から収穫した稲を3％程度納め、調は絹など各地の特産品を都まで運び中央政府に納め、庸は都での

10日の労役に代わり布を納める。雑庸は年間60日を限度に水利工事などに労役として奉仕する。公出挙は田植え時に種籾を借り収穫時に利息分5割に相当する稲を返すというもの。

成年男子の重い義務として兵役があり、3～4人に1人の割合で兵士が徴発され、諸国の軍団で訓練を受け、宮城の警備に従事したり、唐の脅威に備え防人として海岸の警備に当たった。

律令政治が展開した奈良、平安時代は、税や造都、造寺の労役、兵役など国家の様々な負担が、人口の圧倒的多数を占める公民（農民）に重くのしかかった時代だ。農民の間に貧富の差が拡大し、有力農民も貧窮農民も他国に浮浪したり、戸籍を偽ったり、様々な手段で負担を逃れようとしたため、中央政府は、農民の負担軽減に腐心する。

一方では、税の増収をはかるため、貴族、寺院、地方豪族らによる未開地の開墾を奨励し、開墾した田地（荘園）の私有を認めたり、税の徴収を国司に委任したりしたが、私有を認めたため歯止めが効かなくなり、公地公民制度の空洞化を招くことになる。

地方行政区画は唐がモデルだった

日本の律令制度は唐をモデルにしている。唐の地方行政区画と日本のそれとを比べて見よう。

《唐と日本の地方行政区画の比較》

```
【唐】　中央政府（尚書省）―道―州―県―郷―里（100戸）
【日本】中央政府（太政官）―道―国―郡―――里（50戸）
```

日本の全地域を指す場合に「全国」という呼び方や「お国はどこですか」という尋ね方があるが、これは上記の国が基になっている。「日本全国六十余州」とは、日本に六十余りの国があるという意味だ。この「州」とは日本の「国」に相当する唐の地方行政区画の呼び方に倣ったもので、例え

ば、紀伊国は「紀州」、長門国は「長州」、信濃国は「信州」、上野国は「上州」と呼ばれた。昨今「県」よりも広域的な道州制を導入しようという議論があるが、この「道・州」とは、「県」よりも上位にある唐の地方行政区画の呼び方にちなんだものと思われる。

連綿と続く律令の精神

　大宝・養老律令制度は、奈良、平安の時代だけではなく、後々の社会にまで大きな影響を及ぼしている。上山春平氏は「天皇制の深層」の中で、鎌倉幕府以降の武家政権の時代にも、日本の正式な国家公法として生き続け、京都に天皇を頂点にいただく律令政府が存続していたと述べている。

　江戸幕府でも、政治的実権を握る将軍や大名たちは、少なくともタテマエとしては天皇から律令官職を授けられ、例えば、忠臣蔵に登場する吉良上野は、本名吉良義央、上野というのは律令官職名の上野介の略称で、上野国の行政をあずかる地方官の次官をいい、官位は正六位下。浅野内匠頭は、本名浅野長矩、内匠頭は令外官で中務省の下に設置された内匠寮の長官をいい、官位は従五位下。また、江戸城内のような公式の場では、「吉良上野介」と律令官職名で呼ぶことが慣わしだったという。

　明治維新によって、国家の基本法は律令から憲法へと切り替えられたが、律令君主として千数百年にわたり連綿と継承されつづけた天皇の位は、明治憲法下でも立憲君主として存続し、現行の憲法でも国民統合の象徴としての地位を認められるに至った。

　律令政治が展開した奈良、平安時代は、北海道では、続縄文文化から擦文文化の時代に当たる。この頃、わが国では、日本の歴史書ともいえる「古事記」「日本書紀」「続日本紀」などが編纂され現存しているが、これらの資料には北海道の様子を伝えるような記述がなく、中央政府との関わりは不明なままだ。

　大宝・養老律令と北海道との関わりは、明治維新によって律令政治への復古が定まり、令制国の仲間入りを果たしてからで、14の支庁の名前は令制国で定められたものだ。

2 鎖国政策と松前藩、アイヌ

豊臣秀吉による全国統一

応仁の乱に始まった戦国騒乱の中から、全国統一に向けて最初に歩みだしたのは織田信長だが、天正10（1582）年本能寺の変により敗死、羽柴秀吉が後を継ぐ。

秀吉は、天皇の伝統的支配権を巧みに利用し、天正13（1585）年に朝廷から関白、翌年には太政大臣の位を受け、諸大名に戦闘の停止と領地確定を行う惣無事令を発し、全国統一を完成させる。朝廷からは豊臣の姓も賜った。

検地を行い、土地の面積表示を新たに町・段・畝・歩に統一し、枡の容量も京枡とし、村ごとに田畑の生産力を米の量に換算して石高（村高）を定めた。一つの土地に何人もの権利が重なり合っていた状態を解消し、一地一作人とした。この結果、農民は自分の田畑の所有権を認められることになったが、石高の持分に応じた年貢などの負担を義務付けられた。天正19（1591）年には全国の大名に対し、領国の国郡別の石高を記録した検地帳と国絵図の提出を命じ、石高を基準に知行地を与え、大名がそれに見合った軍役を負担する、いわゆる大名知行制ができあがり、鎌倉幕府以来の御恩と奉公による封建的主従関係が復活した。

秀吉は、農民による一揆を防ぎ、農業に専念させるため、農民から武器を没収する刀狩も行った。太閤検地と刀狩などにより武士と農民の区別が明確にされ、職業に基づく身分が固定化する兵農分離が完成する。

この頃の蝦夷地では、松前に居を構える蠣崎氏が、安東氏の代官的地位にあるものの実質的な権力者であった。天正18（1590）年には、蠣崎慶広が、蝦夷地代官として京都に赴き豊臣秀吉に謁見し、従五位下民部大輔に任じられた。代官というよりは大名並みの待遇を受けたことになる。翌天正19（1591）年南部の豪族九戸政実が乱を起こした際には、安東氏の部下ではなく独立の一武将として家臣やアイヌを率い参陣している。

蠣崎氏は、こうした実績が認められ、文禄2（1593）年には、豊臣秀吉

から朱印状を受け、松前に集まる人々の取り締まりと税を取り立てる権利を認められ蝦夷島主となる。これにより安東氏の支配下から離れ独立することになるが、同時に秀吉の軍役動員下に組み込まれることになる。慶長4（1599）年には、姓を蠣崎から松前と改めた。

　この頃世界では、帆船の発達によりヨーロッパを中心に大航海時代を迎えていた。マルコ・ポーロが紹介した「黄金の国・ジパング島」により日本への関心も高まっていた。

　天文12（1543）年には、ポルトガル人が種子島にやって来て鉄砲を伝え、南蛮貿易が始まる。天正12（1584）年には、スペイン人も肥前の平戸に来航する。彼らは鉄砲、火薬、中国産の生糸、絹織物などをもたらし、日本の銀などと交換した。宣教師も相次いで来日し、キリスト教の布教活動が一体化して行われ、大名の中には洗礼を受ける者も現れた。

　全国を統一した秀吉は、大航海時代の下で、日本を東アジアの中心とする野望をいだき、朝鮮侵略に向けて二度にわたり派兵し、病死によって撤兵したが、膨大な戦費により豊臣政権を衰退させる原因となった。

　秀吉の死後、豊臣政権を存続させようとする石田三成勢と、それに反対する徳川家康勢とが戦ったが、家康の勝利に終わった。

江戸幕府と鎖国政策

　家康は、慶長8（1603）年征夷大将軍の宣下を受け、江戸に幕府を開いた。家康は全国の諸大名に江戸城と市街地造成の普請を、また、国絵図と一村ごとの石高を郡単位にまとめた郷帳の作成を命じ、全国の支配者として、大名知行制を確立する。

　江戸幕府は、3代将軍家光の頃までに、将軍と諸大名との封建的主従関係を強固にするため、大名の居城を一つに限る一国一城令、大名を統制するための武家諸法度を定め、大名に国元と江戸とを一年交代で往復する参勤交代や妻子の江戸居住を義務付けた。朝廷を統制するための禁中並公家諸法度も発布した。

　幕府の財政収入は、直轄領からあがる年貢のほか、主要鉱山からの収入によった。江戸、京都、大阪、長崎、堺などの重要都市を直轄にし、商工

業や貿易を幕府の管理下におき、貨幣の鋳造権も握った。

　江戸幕府は、農業生産の上に成り立っており、本百姓によって構成され自治的な組織の村は最も重要な基盤だった。村には名主（庄屋）、組頭、百姓代などの村役人が置かれ、村法に背くと村八分などの制裁が加えられ、本百姓が負担する年貢や諸役は村全体の責任で負う村請制が取られた。村民は数戸ずつ五人組に編成され、年貢の納入や犯罪の防止に連帯責任を負わされた。本百姓のほか、田畑を持たず、地主の下で小作を営んだり、日雇いの仕事に従事する水呑みなども存在した。

　天保5（1834）年に作成された天保郷帳によると、全国の村の数は約6万3,500で、明治維新後の市制町村制の源流となっている。

　江戸時代も海外との通商が盛んに行われ、慶長14（1609）年にはオランダ、慶長18（1613）年にはイギリスが幕府から貿易の許可を受け、肥前の平戸に商館を開いた。日本人の海外渡航も許可したが、幕府の体制が固まるにつれて、通商に制限を加えるようになっていく。

　その理由の一つにキリスト教の禁教政策がある。幕府は初めキリスト教を放任したが、布教を野放しにするとスペインやポルトガルの侵略を招くのではないかと恐れるようになり、慶長17（1612）年には直轄領に禁教令を出し、翌年にはこれを全国に及ぼして信者に改宗を強制した。二つ目の理由は幕府が貿易利益を独占するため、個々の大名による貿易を統制することだった。

　こうして鎖国状態となり、以後200年余りの間、オランダ、中国、朝鮮、琉球王国以外とは交渉を閉ざすことになる。日本に来航する貿易船はオランダ船と中国船に限られ、貿易港も長崎1港に限られた。海外渡航も禁止され、幕府は長崎を窓口としてヨーロッパの文物を輸入し、オランダ商館長が提出するオランダ風説書によって、海外の事情を知ることになる。

徳川家康から与えられた黒印状

　慶長8（1603）年、徳川家康が征夷大将軍となり江戸に幕府を開くと、松前氏も直ちに参勤し家康の家臣となり、翌慶長9（1604）年には、家康から次のような黒印状が与えられた。

> 一　諸国より松前へ出入する者は、志摩の守に断りなく、アイヌと直接商売をしてはならない。
> 一　志摩の守に無断で渡海し商売するものがいたならば、急ぎ報告しなさい。
> 　　　付　アイヌはどこに行こうとも、アイヌの自由である。
> 一　アイヌに不条理を申しかけることは厳禁する。
> 　　　右に違背する者は厳罰に処する。
> 　　　　慶長9年正月27日　　御黒印
> 　　　　　　　　　　　　　　　　　松前志摩とのへ

　大名知行制の下では、大名は石高を基準に知行地を与えられ、それに見合った軍役を負担することになるが、蝦夷地では、漁業が中心で米の栽培が行われず、アイヌとの交易が行われていたため、石高に代えてアイヌとの交易独占権が与えられた。石高に直すと大名の最低ラインの一万石に準ずるものとされ、参勤交代は3年に1回とされた。

　松前藩は、和人が居住する地域を和人地、その他の地域を蝦夷地として区分した。蝦夷地はアイヌが生活できる区域であり、松前藩の許可なく和人が出入りすることを禁じた。和人地は、城下の福山を中心に東西各25里、東は汐首岬まで西は熊石までで、亀田と熊石に番所を置いた。汐首岬以東を東蝦夷地（千島列島を含む）、熊石以西を西蝦夷地（カラフト島を含む）と呼んだ。

　松前藩の財政は、海産物などの交易で得た収益のほかに、沖の口口銭といわれる入港税、鷹の販売収入によって支えられた。

　黒印状は、松前藩にアイヌとの交易権を与えると同時に、アイヌに対しては「アイヌの事はアイヌ次第」とし、自由往来を認め、不条理を申し付けることを禁止するなど、先住権益を保護する役目も果たすことになる。

　アイヌとの交易は、当初は、アイヌが松前城下に集まる諸国の商人を目当てに、交易品を船に積んでやってくる自由な城下交易だった。その後、

松前藩が海岸をいくつかの場所（商場）に区分し、これらの場所で行われるようになり、藩主の直交易地のほか、家臣にも知行として商場を与えた。商場はアイヌの集落ごとに狩猟域（イオル）を基礎として定められ、アイヌが必要とする米や塩、酒、煙草などを年1回船を出して本州から仕入れ、アイヌが所有する獣皮や干鮭などと交換し、それを城下に集まる商人に販売し利益を得る。この仕組みは「商場知行制」と呼ばれる。
　これによりアイヌとの交易は、事実上松前藩の独占となり、不等価交換が幅を利かし、アイヌにとっては、極めて不利な状態を引き起こすことになる。「アイヌに不条理を申しかけてはならない」という黒印状の定めは、松前藩自らによって破られていった。

商場知行制から場所請負制へ

　蝦夷地の海産物や森林の需要が高まるにつれて、交易の仕組みが「武士の商法」から「商人の経営」へと変化していくことになる。いわゆる「場所請負制」の出現だ。商人が知行主に一定の上納金（運上金）を納付することによって、場所内の交易権や漁業権、営業権を手に入れ、場所経営の一切を請け負うというもので、蝦夷地産物の売払代金から運上金と諸経費を差し引いた額が請負人の利益となり、請負人による蝦夷地産物の企業化、漁業経営の大規模化が進んでいく。漁獲物のうち、鯡は京阪や江戸などで肥料に、昆布や煎海鼠、干鮑などは中国との貿易に必要な長崎俵物などに利用され、日本経済を支える重要な産物となる。
　請負人は、場所に支配人、通詞、番人などの使用人を置いた。アイヌも雇われ漁場労働者となっていくが、需要の拡大に伴い漁場労働は過酷なものとなっていく。労働の対価は米などの品物であったが、徐々に量が減らされ、劣悪な品物が渡されるようになり、アイヌの暮らしは貧窮を余儀なくされていった。使用人の行動は横暴を極め、アイヌの尊厳を著しくおとしめた。和人側は、アイヌが窮状を幕府に訴えることができないよう、日本語を教えないようにしていた。一部のアイヌは日本語を学んで窮状を幕府の役人に訴えようと試みたりしたが、状況は改善されなかった。アイヌとの交易でも、松前藩が定めた交易基準を無視して交換の比率や数量をご

まかすようなことが常態化していた。

　もともとアイヌの社会の基本単位はコタン（集落）といわれ、コタンコロクルと呼ばれる血縁の長が治める5～8戸程度の小規模なものであったが、場所請負制の下で、和人の強制により数コタンがまとめられ、数十戸ほどの規模となった。そこでは、和人の意向を伝達しやすくするため、コタンコロクル制を実質的に廃止し、乙名、小使、土産取といった村方三役を模した階級制を取り入れた。これによりアイヌは完全に和人の支配化に入った。

　松前藩の直営というべき商場知行制から委託制度の場所請負制に替わったことにより、利益に走る商人への監督が行き届かず、黒印状が定めるアイヌの保護規定は、根底から崩れていった。

鎖国政策は松前藩やアイヌに及ぶか
　鎖国政策では、異国との往来やオランダ、中国、朝鮮、琉球以外との交易が禁止され、貿易港も長崎に限られた。したがって、鎖国政策は松前藩やアイヌにも及ぶと思われるが、松前藩ではアイヌとの交易を通じて山丹の真羽、青玉、錦類を入手していた。しかもこの交易は松前藩の強い働きかけによるものとされるが、これはどう理解すればよいのだろうか。

　幕府は、ロシアが交易を求めて蝦夷地にやってくることは予想もしておらず、遠く離れた蝦夷地は、万事松前藩任せという姿勢だった。そのためアイヌが暮らす千島列島やカラフト島は、松前藩の領地なのかどうか、アイヌとロシア、山丹との異国交易は認められるのかなどには考えが及んでいなかった。

　鎖国政策について、黒印状（朱印状）ではどう定めていたのだろうか。黒印状は、家康に始まり秀忠、家光、家綱、綱吉など将軍の代替わりごとに交付されているが、寛文4（1664）年家綱朱印状で本州商人とアイヌとの直接商売が許可制から全面禁止となり、天和2（1682）年綱吉朱印状でアイヌの自由往来が蝦夷地内に限定されたが、これら以外は当初のままだった。しかし、ロシアの接近が現実のものとなるにつれ、鎖国政策が松前藩やアイヌにも及ぶことを徹底していくことになる。

幕府が松前藩とロシアとの抜け荷の噂を知るのは、天明3（1783）年仙台藩医の工藤平助が著した「赤蝦夷風説考」による。早速、老中田沼意次によって蝦夷地調査が行われ、カラフト島から真羽、青玉、錦類、千島列島から羅紗、緞子、紅更紗のものが持ち込まれていることが明らかにされた。田沼意次は取締りを指示するものの政権交代により沙汰止みとなる。
　享和2（1802）年東蝦夷地を松前藩から取り上げ、幕府の直轄とした際には、エトロフ島とウルップ島との間を事実上の国境とし、アイヌがウルップ島に往来することやロシアとの交易を禁じた。文化元（1804）年ロシアの使節レザノフが長崎に来航し通商を求めた際には、鎖国中であるとして拒絶している。文化6（1809）年カラフトの直轄化に際しては、山丹人を仲介としたアイヌと中国との交易、いわゆる山丹交易が長崎以外の地で行われるのは鎖国政策に触れるとして禁止している。安政2（1855）年日露の国境確定交渉の際には、アイヌは日本に所属する人民であり、アイヌの居住地は日本の領土であると主張し、ロシアもこれを認めている。
　一方、松前藩では、アイヌが暮らす千島列島やカラフト島は、松前藩の領地であることを早くから認識していたようだ。幕府が領地確定のため「国絵図」の提出を求めた際には、千島列島やカラフト島を含んだ正保国絵図（1644）、元禄国絵図（1700）を提出している。寛政元（1789）年の「クナシリ・メシナの戦い」の際には、幕府に対し、アイヌが住む土地は松前藩の領分である旨の文書を提出している。
　田沼意次の命により蝦夷地調査に当たった最上徳内も、寛政2（1790）年に著した「蝦夷草紙」の中で、千島列島の島々は全部で21あるが、昔から蝦夷地の属島で、そこには日本人と同じ種類のアイヌが住んでいる。そのアイヌが住んでいるのだから日本の領土に疑いはないと述べている。

3 初めての蝦夷地調査

老中田沼意次による蝦夷地調査

　18世紀の中頃になると、蝦夷地の近海にも外国船が姿を見せるようになり、とりわけロシアの接近が現実となった。

　千島列島のウルップ島はラッコの好猟場とされ、アイヌの独占場所であったが、明和5（1768）年頃から、ロシア人が侵入してくるようになり、明和7（1770）年には、テリトリーをめぐって殺傷事件が発生した。その後両者は和睦し、ウルップ島のラッコ猟は両者の入会になったとされる。

　安永7（1778）年には、ラッコ猟でウルップ島に来ていたロシア人一行の使が根室に来て松前藩に交易を願い出た。回答は翌年行うとしたためロシア人一行は引き揚げ、翌年再びやってきたが、松前藩は、幕府が鎖国政策を取っていることを理由に拒否した。本来外交に関する権限は幕府にあるが、松前藩は、幕府に相談することなく回答し、しかも幕府には一切報告しなかった。

　ロシアが蝦夷地に接近しつつあることは、次第に江戸の識者の間に広まっていった。この状況を憂慮した仙台藩医の工藤平助は、元松前藩士などからの海外知識をもとに、天明3（1783）年「赤蝦夷風説考」を著したところ、幕府の勘定奉行松本伊豆守の目に留まった。オロシャを本国とする赤蝦夷国と千島列島との交易の実態、とりわけ抜け荷の噂、オロシャとの正式な交易認可の必要性、さらには蝦夷地開発の必要性などを説くもので、鎖国政策を担う松本伊豆守は強い衝撃を受けた。早速、自らが聞き及んだ蝦夷地の様子を文書にまとめ、「赤蝦夷風説考」とともに老中田沼意次に提出する。

　当時は第10代将軍徳川家治の時代で、田沼意次が政治の実権を握っていたが、天明2（1782）年には大冷害、翌年には浅間山の大噴火と災害が重なり、大飢饉が数年に及び、東北地方を中心に多数の餓死者が出た。天明の飢饉といわれ、全国で数多くの百姓一揆が起こり、都市では激しい打ちこわしが発生するなど騒然とした時代であった。

「赤蝦夷風説考」に目を通した田沼意次は、早速、松本伊豆守に蝦夷地の調査を命じ、松本伊豆守は、この調査に基づき蝦夷地の開発方策を立案することになる。

　蝦夷地の調査は、松前藩の交易の実態と蝦夷地の資源調査を目的とし、調査隊員は普請役から佐藤玄六郎、庵原弥六ら5人。ほかに御家人ではないが天文地理、算学などに詳しい最上徳内を参加させた。最上徳内はこの後、7回にわたり幕府の蝦夷地調査に加わり、「蝦夷草紙」を著し、蝦夷地探検の第一人者となる。調査隊は2方面に分け、上蝦夷・西蝦夷隊はソウヤに拠点を置いてカラフト方面の交易路を探る。下蝦夷・東蝦夷地隊はクナシリ、エトロフ、ウルップ島を実地探査し、地理、産物、海路等の状況から交易の実態までを調査する。

　蝦夷地は、春が遅く夏が短く、寒気強く海が凍り船が使えるのは短期間に限られているため、調査は難儀を重ねたが、調査の様子や蝦夷地の開発方策は、「蝦夷地一件」、「蝦夷拾遺」という文書に残されており、当時の蝦夷地の状況を知ることのできる貴重な記録となっている。そこで、これらを基に調査報告書や開発方策の概要を見ておこう。

佐藤玄六郎の天明5（1785）年蝦夷地調査報告書の概要
(1) 松前の地続きの本蝦夷地は周囲およそ700里に見える。松前を起点に、東はせたら、西は熊石までが松前藩の支配地和人居住地区で、百姓、漁師、商人の村が続き、その数は77か村。寺社を除き7千軒。人口は2万6、7千人にもなろう。松前、江差、箱館の3湊は、諸国からの商人で賑わっている。それより先の奥地を蝦夷地と呼んでいる。
(2) アイヌは海辺とか川辺など水辺に寄って住んでいるが、山間部の生活もまれに見られる。総人口はおよそ10万人か。
(3) 和人居住地区は険峻な山がめぐり、開拓した土地はないが、山寄りの百姓たちは、粟、ソバ、大豆、大根、煙草などを作り、作柄も良いと聞く。年貢の制度がないので各人思いがままに場所を切り開き、作付しているが取り締まりはない。
(4) 蝦夷地に入ると、だんだん地面が広くなっていく。中央部に大きな

山並みが続き、麓から海辺までは平地が広がり、20〜30里もの広大なものがある。全て草木が生い茂り、地味も肥えているが、古来から、穀物類を作ることは法度のようだ。先年、イシカリ地区で稲をつくり、相応の実りとなったが、松前に聞こえ、モミや種子まで残らず没収され、ツグナイを取られたとの噂もある。アイヌには和人のような産業を習わせない掟になっている。このため、田畑は少しもない。ただ遠方山中のアイヌたちは、粟、ヒエを少々作っている。草木の間に種子を蒔き置くだけだが、相応に実って食用になっているらしく、臼や杵などを持っている。

(5) 商人が入り込んでいく場所のアイヌは、日本語を少しずつは覚えているらしいが、日本語を話すとツグナイを命じられる。この度の調査中も松前者のいるところでは決して日本語を話さなかったが、私どもだけのときに質問すると日本語で話すアイヌもいた。

(6) 蝦夷地へ行くと、最初はアイヌの言葉が一向に分からないので、通詞の助けを借りて尋ねていたが、身振りを入れて直接アイヌに話しかけるようにしたところ、数日で彼らと馴染むことができた。松前藩の役人は、アイヌは動物に近く、強欲で、近づけばいかなる無礼をするか、はかり難きものがあるので決して近づけてはならないというが、よく分かってくると、いたって正直で、悲敬、仁愛、礼儀なども厚く、ことに女子は真実一途に見え、信仰に厚い。男女ともに乱髪で、男はたいそう毛深く、女はお歯黒をせず、口のまわりを染めて手に入れ墨をしている。異形に見えるが日本人とさして変わるところがない。古来より日本のお国ぶりを移さずに押しすくめてきたのは、商人どもが売買のうえで掠めやすいためと見える。松前藩の役人も商人気質で、諸事商人どもの申し立てに任せて取り扱ってきたと聞く。

(7) 松前藩では、アイヌとは直接商売をしてはならないなど御朱印状の内容を高札に掲げ、厳しく取扱っている。蝦夷地行きの諸国商人の船は、蝦夷介抱船と称し、松前藩の船印を渡し、場所を持分とする家臣を1人上乗として乗せる。諸国から蝦夷地へ沖乗りしたり、直走することは固く禁じている。松前から蝦夷地に通う船は年に一度しか出せ

ないと役人が語っている。しかし、様子が分かってくると、はなはだ相違しているのだ。松前のみならず江差、箱舘の湊にも諸国の商人が入り込み、出店を構えて蝦夷商いを行っており、そこから直接蝦夷地へ船も出している。赤人の渡来したアツケシ、キイタッフ、クナシリ島の方へは、松前から直航するのは難しく、いったん南部の佐井という湊に寄り、そこで日和を見定め、彼の地へ渡っていく。西蝦夷地へは、羽州酒田辺りから直走したほうが渡海しやすく、材木を積み出す船は、前々から直走しているとのこと。遠蝦夷地の方は、番船あるいは春船、夏船と称し、年に両三度も渡海する。場所一か所に船一艘と限らず、請負人たちの都合次第となっている。上乗りは、夏船一艘に限られ、それ以外は上乗がいない。

(8) 軽物と称する真羽、青玉、錦などは売買を許さないで松前藩が取り上げる。これらはカラフト島のアイヌがサンタンと交易し、本蝦夷地ソウヤに持ってくるのを場所請負人が買い取っておき、上乗りの家臣が来たときに渡し、代わりの物をもらう。猟虎皮、熊胆、オットセイも同様である。しかし、過半は場所請負人が内々に他国へ売り出し、松前藩に差し出すのは少しだと聞く。商人たちが交易する産物は、鰊、鮭、鱒、鱈、煎海鼠、鮑、鯨のほか干し魚、魚油、昆布、鹿皮、あつしなどだ。

(9) カラフト島は、本蝦夷地ソウヤから海上10里余り隔たり、シラヌシという所に船着場がある。調査隊はシラヌシに渡り、そこから東は30里程、西は60里程調査した。人物、地方の様子とも本蝦夷地に変わるところはない。それより先は、調査しなかったので不明だが、アイヌの話では、東の方を廻るとオリカタ、ニクブン、タライカという所があって、この辺が島の果てと聞く。西の方はナヨロという所があり、よい船着場があって、アイヌも多く住んでいる。ナヨロのアイヌたちは毎年サンタンへ渡って交易し、サンタンの者もナヨロまで商いに来るとのこと。

(10) サンタンには、マンチュウから県令格の者が来ている。人物は俗にほうすと称され、髪は三つ組に編み、衣服、言語はマンチュウと同様

とのこと。サンタン、マンチュウはいずれも韃靼の地方と聞く。
⑾　松前藩の役人は、アイヌには、公儀向きの事や諸国の様子などを知らせぬようにしている。アイヌは、請負人や松前役人の事を内々私どもに語り、いろいろと讒訴する。平常無理な取扱いを受けているのを不満としているようだ。蝦夷地は北狄といわれるような地ではあるが、自然に御政徳をお慕い奉っている様子なのは、恐れながら誠に有難き次第だ。
⑿　赤人が、安永7（1778）年と翌年の二度にわたり、東蝦夷地のノッカマフ、アツケシに来航したのは事実のようだ。その後も毎年ウルップ島へ出かけ、ラッコ猟を兼ねて少々産物を持参している。アイヌの方もラッコ猟のためウルップ島に出かけており、そこで米や煙草などと交易している。赤人の産物は場所請負人の手先へ差し出していると聞く。もちろん運上屋のものたちがウルップ島まで出かけ、赤人と直接売り買いしている様子はまずないといってよいだろう。だが、このまま放置しておいては、後々どんな事態に発展するか計り知れない。赤人が持ってくるものは、羅紗、錦、更紗木綿、砂糖などでオランダ人が長崎へ持ってくる品と同様とのことだ。

松本伊豆守の蝦夷地開発構想

　佐藤玄六郎の蝦夷地調査報告書を受け取った松本伊豆守は、報告書とともに、かねてから考えていた蝦夷地の開発構想を老中田沼意次に提出した。
　蝦夷地の開発構想は、農民の自由な移動が制限されている時代にあって、経済の基本である農業を植えつけるために、広大な原野をアイヌや非人の力を借りて開墾し、併せてこれらの人々の差別救済をはかり、これにより人口を増やし、ロシアの南下を防ごうという壮大なプランだった。
　新田畑の開墾見積もりとして、本蝦夷地を周囲700里と見立てた場合、10分の9は山、川、湖溏、磯辺などのため除外し、残り10分の1の116万6400町歩を開墾可能地とし、石高換算ではその半分に当たる583万2千石と見込み、これにより奥州、羽州はもとより中国並みの国柄になっていくと述べている。

松本伊豆守は、開発構想を具体化するため玄六郎を再度の調査に派遣したい旨申し出たところ、田沼意次から実行に移すよう承諾を得る。
　こうして佐藤玄六郎は、再び蝦夷地に向かい、天明6（1786）年の調査を行うことになるが、9月に第10代将軍家治が死去すると、かねてから田沼政治に批判的であった勢力が台頭し、田沼意次も老中を罷免され、蝦夷地の調査も中止となり、開発方策も封印された。
　江戸幕府が、正式に蝦夷地を調査したのは、田沼意次が最初であり、佐藤玄六郎による蝦夷地一周、最上徳内によるウルップ島一周、庵原弥六らによるカラフト調査などにより、蝦夷地の実態、とりわけロシアが、千島列島に触手を伸ばしつつある状況を明らかにしたことは大きな成果といえる。その一方、ソウヤに越冬した庵原弥六ら5名が死に至ったことは、蝦夷地の酷寒の厳しさを思い知らされることになる。

クナシリ・メナシの戦い

　田沼意次の失脚後、政治の実権を握ったのは反田沼の急先鋒松平定信だ。松平定信は飢饉で危機に陥った財政基盤を復旧し、緩んだ士風を引き締めようと、いわゆる寛政の改革を進めるが、厳しい統制や倹約令は民衆の反発を招き、寛政5（1793）年6年余りで退陣に追い込まれる。
　松平定信の蝦夷地政策は、緊縮財政を進めるため費用のかかる蝦夷地開発方策は封印し、幕府は、蝦夷地のことに関与せず、松前藩任せとする方針を取る。しかし、寛政元（1789）年、クナシリやメナシ地方のアイヌが武装蜂起した「クナシリ・メナシの戦い」が起こると、前面に乗り出し、津軽、八戸、南部の各藩に、松前藩の援兵となるよう軍役発動を出した。津軽藩は戦には参加しなかったものの松前まで出兵し、八戸、南部藩は地元で待機した。
　戦いはアイヌが降伏して収束し、この戦いを最後に蝦夷地全域で、アイヌの組織だった武力抵抗は見られなくなったが、幕府は、背後にはロシアがいるのではないかという疑念を抱き、最上徳内らに調査を命じた。場所請負人飛騨屋の不正な交易や非道な仕打ちに耐えかねたアイヌの武装蜂起であり、ロシアの関与の事実がないことが明らかとなったが、これをきっ

かけに、幕府内では、蝦夷地を「小身」の松前藩に委ねるのは不安があるとして、松前藩の国替えと幕府による直轄化が議論されるようになる。

　幕府は、事件の処理策として、飛騨屋に任せていたクナシリ、キイタップ、アッケシなどの場所請負は、松前藩の直営としアイヌとの交易は公正誠実に行い、番所を設けて勤番士を派遣し対外防備を補強することを命じた。しかし、翌年最上徳内らを派遣し、その処理状況を調査したところ、松前藩の直営とは名ばかりで改善状況は十分とはいえなかった。

4　蝦夷地の支配者が何度も交代したのはなぜか

ロシアの接近と幕府の対応

　ロシアの接近が現実のものとなるにつれ、松前藩も領地換えなど苦難を強いられ、蝦夷地の支配者も松前藩→幕府の直轄→松前藩への復領→箱館開港に伴う幕府の直轄→奥羽諸藩への分領→戊辰戦争・明治維新へと変わっていくが、その経過をたどってみよう。

　寛政4（1792）年ロシアからの最初の遣日使節として、イルクーツク州で勤務する陸軍中尉ラクスマンが、日本との通商を求める国書を携え根室に来航する。漂流民大黒屋光太夫らを連れ、その送還も意図した。松前藩からの報告を受け、幕府は翌年松前で交渉し、漂流民を引き取る一方、通商の話は長崎でなければ応じられないと主張し、信牌を渡したところ引き上げていった。ところが、この信牌は、長崎港への入港許可書のつもりであったのに、ラクスマンは通商の許可書と思い込み、後にフヴォストフ襲撃事件となっていく。

　寛政8（1796）年と寛政9（1797）年には、日本海周辺海域を測量していたイギリス船プロビデンス号が、2年続けて絵鞆に入港する。危機感を抱いた幕府は、2年目のときには、津軽藩に箱舘警備のために軍役発動を命じている。

　相次ぐ異国船の来航によって、幕府は、蝦夷地警備の重大性を悟り、寛政10（1798）年蝦夷地の警備状況を調査する。総勢188人に上る大掛かり

なもので、最上徳内、近藤重蔵も参加し、このときエトロフ島に日本の領土であることを示す「大日本恵登呂府」という標柱を立てている。

　調査の結果、松前藩は防備の重要性は重々認識しているものの、統治領域が広いうえ、山道も整備されておらず、海には大船もなく、藩の人口は少なく、兵士も2、3百に過ぎず、財政も窮乏し、防備に備えるだけの力がないことが明らかになった。

　幕府は、各藩の内政問題には干渉しないことを建前としているが、ロシアの脅威から蝦夷地を守るためには、アイヌの心を掌握し、ロシアの煽動に乗って支配下に入らないよう、幕府の方に引き寄せることが大事だとして、アイヌを撫育すること、場所請負人の横暴をやめさせること、そのためには無策な松前藩に代わって、直轄領とすることを蝦夷地の対処方針とする。

幕府が蝦夷地を直轄

　幕府は、寛政11（1799）年蝦夷地のうち東蝦夷地（千島列島はエトロフ島まで）を松前藩から召し上げ、向こう7年間、仮の直轄領とし、松前藩には、武州埼玉郡九喜町に5千石の地を与えた。東蝦夷地を統治する出先機関として蝦夷地取締御用掛5名、その他蝦夷地係員など70名余りを任命し、外国に対する警備は、長崎奉行支配地を黒田藩、鍋島藩に委任する例に倣い、近隣大名への軍役負荷を基本とし、南部、津軽の2藩に命じた。アイヌを撫育するため場所請負制を廃止し、幕府自らが場所を経営する直捌制を取った。

　享和2（1802）年仮の直轄領から3年を経過した時点で、東蝦夷地を永久直轄とし、蝦夷地取締御用掛に代えて蝦夷奉行を置き、3か月後には箱館奉行と改称する。

　永久直轄に伴って、千島列島のうち、どこまでを日本の領土とするかが問題となるが、幕府は、事実上ロシア人が住み着いているウルップ島は放置し、アイヌがウルップ島に往来することやロシアとの交易を禁じた。これにより、結果的にエトロフ島とウルップ島の間に国境の線引きがなされたことになる。

ラクスマンが引き上げた後、暫く音沙汰のなかったロシアだが、アラスカやアリューシャン列島、千島列島での毛皮採取などを目的とする露米会社を設立したのを機に、これらの地域での食糧物資補給のため日本との交易を望むようになる。

　露米会社の経営者レザノフがロシア使節に任命され、文化元（1804）年通商を求める国書と先にラクスマンが持ち帰った信牌を携え、漂流民津太夫らを連れて長崎に来航する。幕府は、半年近くも待たせたうえ、日本は鎖国中であり通商はできない旨拒絶した。翌文化2（1805）年レザノフは漂流民を引き渡した後、幕府の不誠実な態度に怒りながら、日本を離れ、カムチャッカに帰国する。

　ロシアの度重なる接近に驚いた幕府は、同年、松前地、西蝦夷地を含む蝦夷地全島の直轄化に向け、目付らを派遣し調査を行った。これには最上徳内も参加している。調査の結果、松前藩の辺境警備が十分でないことから、文化4（1807）年東蝦夷地に加え松前地と西蝦夷地も直轄領とし、松前藩には陸奥国伊達郡梁川などに領地を与え石高は9千石とした。警備は東蝦夷地を南部藩に、西蝦夷地を津軽藩に委任し、箱館奉行を松前に移し松前奉行と改めた。松前地と西蝦夷地では直捌をとらず、場所請負制を存続し、東蝦夷地の直捌も、商業に不慣れな官吏の運営では人手と経費が嵩み限界があることから、文化9（1812）年に廃止し、商人による場所請負入札制に移行した。

　一方、帰国したレザノフは、武力による日本開国を企て、部下のフヴォストフ大尉に打ち明けたところ、フヴォストフは、文化3（1806）年カラフトのオフイトマリとクシュンコタン、さらに翌（文化4）年エトロフのナイボ、シャナ、利尻島などを襲撃した。幕府は、南部、津軽藩のほか、秋田、庄内藩にも蝦夷地への出兵を命じ、ロシア船打払令を出し、厳重な警備体制を敷いた。

　幕府は、カラフト方面の地勢を的確に掴んでいないことから、急ぎ調査を行うこととし、普請役御雇の間宮林蔵に調査を命じた。この調査で間宮林蔵は、カラフトが狭い水道で大陸と分けられていることを発見している。幕府は、文化6（1809）年カラフトを北蝦夷地と改称し、直轄領とする。

日露の緊張が続く中、文化10（1813）年、ロシアのシベリア総督とオホーツク長官がフヴォストフの襲撃事件は独自の暴挙であり、謝罪する旨の弁明書を提出したこともあって、日露関係はひとまず鎮静化する。これには場所請負商人高田屋嘉兵衛の尽力があった。

松前藩への復領

　文政4（1821）年幕府は、松前藩に蝦夷地全域の復領を許可し、翌年松前奉行を廃止した。復領の理由は、幕府直轄領の施政によって、奥地の島々まで取締りが整い、アイヌの撫育、産物の取捌きなども万事軌道に乗って心配がなくなったということだが、松前藩の熱心な復領運動が実ったともいわれる。

　他方では、ロシアがナポレオン戦争などに忙殺され日本への脅威が遠のいたこと、蝦夷地の直轄経営により、幕府の財政負担が過重となっていること、蝦夷地警備を命ぜられた奥羽諸藩の財政負担が大きいうえ、兵士が酷寒の地という過酷な勤務に耐えられなくなっていることも理由とされる。

　幕府は復領に伴い、松前藩にアイヌの撫育をはかること、辺防の備えを厳重にし、万一非常の際には津軽藩、南部藩と協力することを指示した。嘉永2（1849）年には、城のなかった松前藩に警備を強化するため築城を命じている。松前藩も、藩士教育の充実、勤番所の増設、藩士の新規召抱えなど警備体制を強化する。

　アイヌの労働環境は、幕府の直轄により一旦は改善されたが、復領後は、松前藩の場所請負人に対する監督が行き届かず、虐待などにより再び過酷となった。和人地からの出稼人が増加し、和人とアイヌとの接触の機会が増え、新たにもたらされた疱瘡などの疾病がアイヌの人口を激減させた。

日米和親条約の締結と箱館の開港

　松前藩が22年振りの復領に安堵し、館持大名から城主大名に格上げされ喜び勇んで藩政改革に取り組んでいる頃、幕府は未曾有の国難に直面することになる。

イギリスで始まった蒸気機関の発明に伴う産業革命の波がヨーロッパやアメリカに及び、巨大な工業生産力と軍事力を備えた各国が、商品市場や原料の供給地を求めて、きそって植民地獲得に乗り出し、特に東アジアへの進出を本格化させた。
　天保11（1840）年、中国とイギリスとの間で「アヘン戦争」が起こり、中国がイギリスの軍事力の前にあっけなく敗れ、植民地化されるという出来事は幕府を震撼させ、鎖国体制はもとより幕府体制そのものの揺らぎの始まりとなっていく。幕府は、この出来事を「オランダ風説書」によって知らされるが、実力で異国船を打ち払うことが不可能であることを悟り、天保13（1842）年には「異国船打払令」を、燃料、水、食糧を給付して引き返してもらう「薪水給与令」に改め、柔軟路線に切り替える。
　しかし、開国を求める圧力が強まってくる。弘化元（1844）年にはオランダ国王が親書で開国を勧めてきた。弘化3（1846）年にはアメリカの東インド艦隊司令長官ビットルが浦賀に来航し、フランスのインドシナ艦隊司令官も長崎に来航する。嘉永4（1851）年には「オランダ風説書」により、アメリカが開国を強制する方針を決定したことが伝えられた。
　こうした動きに対し、幕府は、具体的な対策を打ち出せずにいた。しかも老中阿部正弘は、幕府の専権事項であるにもかかわらず、異国船を打ち払うべきかどうか、近海防衛に当たる諸藩に対して意見を求めたため、幕府が何の対応策も持たないことを印象付け、国防問題は諸侯にも発言権があるという誤解を与えてしまった。
　嘉永6（1853）年には、アメリカの東インド艦隊司令長官ペリーが浦賀に来航し、開国を求める大統領の親書を渡し、翌年回答を得るため再来航する旨伝え引き上げていった。老中阿部正弘は、開国すべきかどうか、今度は全ての諸侯から意見を聞き、さらに政治には口を挟ませないできた朝廷に政治的発言を促す奏聞を行った。意見聴取や奏聞された側に妙案などあろうはずがなく、ただ幕府の威信の低下と全ての諸侯に国防への発言権があることを気づかせる結果となり、尊皇攘夷運動に火をつけ、明治維新への引き金となっていく。
　安政元（1854）年ペリーは、再び浦賀に来航し、幕府は、軍事力を背景

とした強硬な要求に屈し、「日米和親条約」を締結した。条約の内容は、下田、箱館の開港と領事の駐在、アメリカ船への薪水・食糧の供給、難破船員の救助、最恵国待遇を与えることなどとなっている。また、同様の和親条約をイギリス、オランダ、さらには後述するようにロシアとも締結し、200年以上にわたった鎖国政策から完全に転換する。

日露通商条約の締結と国境の画定

　アメリカの動きに対しロシアも遅れまいと、ペリーが最初に浦賀に来た翌月には、長崎に来航し通商と国境の画定を要求、いったん帰国したが、安政2（1855）年下田に再来航し日露通好条約が締結された。条約の内容は、日米和親条約に準じたもので、開港地は下田、箱館のほか長崎を加えた。国境の画定も行われ、千島列島はエトロフ島、ウルップ島間に国境を引き、樺太は国境を定めず両国民の混在の地とした。

　国境の確定交渉でロシアは、エトロフ島は日本人が少なく、ロシア人が以前から漁業に従事しているので、ロシア領とするのが妥当であり、樺太はもともとロシア領であると主張した。これに対し日本は、千島列島は全てわが国に所属する島々で、徐々にロシアに蚕食されたが、エトロフ島には日本の番所も設けられ、わが国の所領であることはいささかの疑いもない。樺太は、オランダの地図に北緯50度以北をロシア領、以南を日本領としており、これが妥当である旨主張した。

　交渉の中で幕府が、アイヌは日本に所属する人民であり、アイヌの居住地は日本の領土であると主張し、ロシアもこれを認めた。しかし、樺太の国境が曖昧で混住の地となったことにより、ロシアが領土の拡大をめざし動きを活発化させることになる。

箱館開港による幕府の再直轄と分領政策

　幕府は、安政元（1854）年「日米和親条約」による箱館の開港に伴い、蝦夷地に外交処理機関として箱館奉行を設置した。箱館奉行の管轄は、当初は箱館港近辺だけであったが、翌年には、松前藩領を知内から乙部までに縮小し、これを除く蝦夷地一円を直轄領とした。安政3（1856）年には

北蝦夷地を直轄領とし、元治元（1864）年には松前藩領を熊石までとする。
　蝦夷地の直轄領は文化4（1807）年以来二度目のことで、松前藩には、代替地として陸奥国伊達郡梁川、出羽国村山郡東根の地3万石を与えた。しかし、先の復領から僅か33年で再び領地の多くを取り上げられる措置に、松前藩は驚き、民衆を含めた復領運動を行ったが、幕府の決定を覆すには至らなかった。
　最初の直轄領の時代には、対外防備とアイヌの撫育に重点が置かれたが、二度目の時代には、これらに蝦夷地の開拓が追加された。
　対外防備では、幕府に直轄軍があるわけではなく、これまでどおり近隣大名への軍役負荷を基本に、松前藩領以外の幕府直轄領を松前、仙台、秋田、津軽、南部の5藩に分担させ、その後会津、庄内2藩を加えた。だが、奥羽諸藩にとって、蝦夷地は遠隔、広大、寒冷の地で、警備は容易でなく、いっそのこと領地にして欲しいとの要望が出され、幕府は、安政6（1859）年奥羽諸藩に対し、松前藩領と一部の直轄領を除く蝦夷地を分割し領地として与えることを決定した。しかし、何事も箱館奉行に相談することを義務付けられ、維持するにも財政的に厳しく、領地とは名ばかりの状態であった。
　箱館は、開港により安政3（1856）年にはアメリカの貿易参事官が赴任し、安政5（1858）年にはロシア領事、安政6（1859）年にはイギリス領事が相次いで着任し、西洋文明が流入した。

明治新政府の誕生
　欧米列強の軍事力、文明力の凄さを思い知らされた幕府は、国是としてきた鎖国政策を放棄し開国へと大きく転換する。しかし一方では、幕府の威信が低下、薩長をはじめとした外様雄藩が台頭し、朝廷の発言力が強まり、尊王倒幕か公武合体かなどを巡って激しい政治闘争が繰り広げられた。そして、慶応3（1867）年第15代将軍徳川慶喜が大政を奉還、明治天皇はこれを許可し、王政復古の大号令を発し、約250年に及んだ江戸幕府の世が終わり、天皇親政による明治新政府が誕生する。
　新政府づくりが進む中で、徳川家の処遇をめぐり幕府側と新政府側との

対立が続き、政権交代を話し合いではなく、正当性を示すためにも武力で決着させたいと願う薩摩藩の思惑により、幕府軍が薩摩藩江戸屋敷を焼き払ったのをきっかけに、戊辰戦争が始まった。戦いは、鳥羽・伏見から上野、北越、奥羽、箱館へと1年5か月に及び、蝦夷地を分領していた奥羽六藩はそれぞれの藩へと引上げ、蝦夷地には松前藩と箱館奉行（箱館裁判所）が残った。戦いは、新政府軍の勝利により終結し、新政府づくりが本格化していく。

5　開拓使が設置された理由

新政府づくり

　大政奉還を受け、明治天皇は、王政復古の大号令を発し、徳川慶喜の大政返上と将軍職辞退を許可し、諸事神武創業の始めに基づくこと、そして徳川幕府の廃止、摂政・関白の廃止、新たな統治機関として臨時的に総裁、議定、参与の三職を置くことを表明した。

　翌年には三職を改め、三職のもとに行政事務を担う七科（神祇事務、内国事務、外国事務、海陸軍務、会計事務、刑法事務、制度寮）を設け、行政事務を担当させるため諸藩の有能な人材を徴士として登用した。次いで三職七科を三職八局（総裁、神祇、内国、外国、軍防、会計、刑法、制度）に改めた。

　新政府の課題は、欧米列強による植民地化を防ぎ、これに対抗するために、従来の地方分権的な幕藩体制に代わって、天皇を中心とする中央集権型の政府をつくり、強力な近代国家を建設することだった。

　慶応4（1868）年には、新生日本の針路を示す五箇条の御誓文を発し、これに基づき政体書を定めた。政体書では、①五箇条の御誓文を国家の基本方針と位置づけ ②国家権力を統括する中央政府として太政官（議政官、行政官、神祇官、会計官、軍務官、外国官、刑法官の7官）を置き、それを立法、行政、司法の三権に分け ③地方は府藩県三治の制とした。

　府藩県三治の制は、中央政府の地方出先機関として、府、藩、県の三つ

を置くもので、藩は旧来のままとし、幕府直轄領を府、県とした。府は旧幕府の城代、奉行、所司代のあった要地で、東京、京都、大阪のほか、奈良、長崎、箱館、越後、神奈川、新潟などに置き、明治2（1869）年に東京、京都、大阪以外は県とした。藩の大名を諸侯とし、府には知府事、県には知県事を置いた。

開拓使設置の経緯

　明治新政府にとって、ロシアの脅威と対峙する蝦夷地をどう統治していくかは、喫緊の課題だった。安政元（1854）年の日露通好条約により、日露間の国境が画定し、千島列島は択捉島とウルップ島の間とされたが、樺太は合意が得られず雑居地となったため、ロシアは、樺太の全島領有をめざし支配地の拡大を進め、衝突事件が繰り返されるなどロシアの脅威が続いていた。新政府になっても、この状態は変わらず、しかも東北六藩の分領支配がなくなったことから、これに代わる警備のあり方を早急に確立しなければならなかった。

　蝦夷地の統治の仕組みづくりを主導したのは、時の政府の実力者岩倉具視、大久保利通だった。岩倉公実記により、その動きを見ておこう。

(1)　慶応4（1868）年3月25日、戊辰戦争が東北に及んでいる頃、岩倉は、議定、参与を集めた会議で、①箱館裁判所を設置すること　②同所の総督、副総督、参謀を選任すること　③蝦夷地の名称を改め南北二道を立てることを諮った。この協議を基に、まず、箱館裁判所総督らの人選を進め、裁判所を設置し、漸次開拓に著手することにした。

(2)　明治元（1868）年10月21日、岩倉は、国の統治制度に関して18か条の意見書を提出し、その中で、令制国制度に関し、広大な奥羽地方を分割すること、蝦夷地に新しい国名を付けるよう求めた。

(3)　上記を踏まえ、同年12月7日陸奥と出羽を7か国に分割し、明治2（1869）年8月15日には、蝦夷地を北海道とし11か国を置いた。

(4)　明治2（1869）年2月28日、岩倉は、外交、会計、蝦夷地開拓の3件を朝議に付すよう求めた。このうち、蝦夷地の開拓は、去年在廷の臣に諮問し、開拓事業の端緒を開いたが進展していない。ロシア人は

蝦夷地に垂涎の念を抱いており、これを絶たなければならない。箱館戦争も終結を迎えており、この好機に、まず、蝦夷地に議定参與弁事各一員を遣わし開拓の事業を計画し、開墾が進み住民が増加した後には府あるいは県を置き、功労者を知事とすべきだと述べている。

(5) これを受け、同年 5 月 21 日には、明治天皇が政府高官、旧藩主らを集めた上局会議を開き、皇道興隆、知藩事新置、蝦夷地開拓の 3 か条について意見を求めた。このうち、蝦夷地の開拓は、蝦夷地は皇国の北門である。北蝦夷地は山丹満州に接し、ロシアとの雑居地となっている。アイヌは、官吏に過酷なまでに使役されたことから、日本人を怨んでいるが、愛恤を施すロシアを尊信している。こうした状況の下で民苦を救うという名分でアイヌを煽動する者があれば、その禍が箱館、松前に及ぶことは必然で、禍を未然に防ぐことが今最も重要な課題である。箱館戦争終結後は速やかに蝦夷地を開拓しアイヌを教導し、人民繁殖の地域とする方法に付き忌憚のない意見を求めるというものだ。翌 22 日には、東京在住の諸官人らにも意見を求めた。

上局会議でどのような意見が出されたか明らかではないが、明治天皇は、佐賀藩諸侯鍋島直正を蝦夷開拓の督務に任命した。督とは組織の長という意味で使われており、督務とは、長としての仕事という意味であろう。

当時、政体書による太政官制の下で議政官、行政官、神祇官、会計官、軍務官、外国官、民部官、刑法官の 8 官が設置されており、「開拓」、「拓地育民」、「開拓疆土」に関する事は、外国官の所管で、蝦夷地では箱館裁判所の所管とされていた。しかし、外国官から、外交と開拓とは関係がないので外国官の所管から分離し別に一局を設けるべきとの上申が行われ、開拓を専掌する督務の任命に至ったと思われる。

開拓督務の任命から 1 か月後には、職員令に基づく太政官制が実施され、民部省、大蔵省、兵部省、刑部省、宮内省、外務省、開拓使が設置された。初代の開拓長官に鍋島直正が引き続き任命されていることから推察すると、開拓督務は、職員令の制定を準備する中での暫定的な措置であったことが伺われる。

開拓使は、中央政府の機関として、諸省卿と同格に位置づけられた。ロ

シアの危機が迫る中で、蝦夷地の統治を地方機関に任せるわけにはいかないという政府の強い意思が感じられる。

鍋島直正は、開拓使の長官に任命されたものの蝦夷地を訪れることはなく、1か月後に辞任した。病気による辞任という説が有力で、後任には公卿の東久世通禧が任命された。明治天皇は、東久世長官が北海道に赴く際に、北海道開拓の目的は、「土地墾開」「人民繁殖」「北門の鎖鑰」すなわち土地の開墾と移住者の扶植により、人口を増やし、ロシアからの脅威を防ぐことであるとし、勉励するよう指示している。

開拓使は、初め本庁を東京に置き、函館、根室に出張所を置いたが、明治3（1870）年には函館出張所を本庁とし、明治4（1871）年には、本庁を札幌に移し、東京、函館、根室に出張所を置いた。

六省のほかに開拓使とともに宣教使、按察使が置かれたが、大宝・養老律令では、省以外に置かれる職を律令本来の官職ではないという意味で令外の官と呼んでいる。ちなみに、大宝・養老律令の時代には「巡察使」「鎮撫使」「節度使」が置かれたが、いずれも軍事編成と不可分の関係にあり、かつ、道を単位に設置されている。大宝・養老律令のモデルである唐では、道は、行政、財政以外に軍政をも掌握していたとされる。開拓使も屯田兵を所管している。つまり、中央政府機関で使の付く役職名は、令外の官であり、広域的な地域区分である道に置かれ、軍政と関りのある仕事を担うことになる。

6　北海道の命名者は誰か

開拓使の設置から1か月後、蝦夷地を北海道と改称し、11か国、86郡を置いた。

《北海道の命名を告げる太政官布告》

蝦夷地自今北海道と被称11か国に分割国名郡名等別紙之通被

```
仰出候事
（別紙）
           北海道 11 か国
 渡島国    亀田、茅部、上磯、福島、津軽、檜山、爾志、〆7 郡
 西部
 後志国    久遠、奥尻、太櫓、瀬棚、島牧、寿都、歌棄、磯屋、
          岩内、古宇、積丹、美国、古平、余市、忍路、高島、
          小樽、〆17 郡
 石狩国    石狩、札幌、夕張、樺戸、空知、雨竜、上川、厚田、
          浜益、〆9 郡
 天塩国    増毛、留萌、苫前、天塩、中川、上川、〆6 郡
 北見国    宗谷、利尻、礼文、枝幸、紋別、常呂、網走、斜里、
          〆8 郡
 東部
 胆振国    山越、虻田、有珠、室蘭、幌別、白老、勇払、千歳、
          〆8 郡
 日高国    沙流、新冠、静内、三石、浦河、様似、幌泉、〆7 郡
 十勝国    広尾、当縁、大津、中川、河東、河西、十勝、〆7 郡
 釧路国    白糠、足寄、釧路、阿寒、網走、川上、厚岸、〆7 郡
 根室国    花咲、根室、野付、標津、目梨、〆5 郡
 千島国    国後、択捉、振別、紗那、蘂取、〆5 郡
```

　既に述べたように、北海道は、大宝・養老律令の「道」の一つとして、11 の国は、令制国として定められた。北蝦夷地を樺太と改称したが、これは令制国の対象となっていない。

　ところで、北海道という名前、11 の国名、86 の郡名は、どのようにして決めたのだろうか。蝦夷地の探検家でありアイヌの理解者である松浦武四郎が道名、国名、郡名の原案を作成し、それを一部修正のうえ決定されたとされる。松浦武四郎は、伊勢の国の人で、早くから旅を好み、幕末には

蝦夷地を探検し、紀行の記録を幕府などに献上しており、こうした実績が認められ、蝦夷地御用御雇入として幕府に任命された。明治維新後も、蝦夷地の開拓には、その知識が必要であるとして、大久保利通、岩倉具視の知遇を得て、箱館府の判事兼東京府知事附属、開拓督務の下での蝦夷開拓御用掛、開拓使の下での開拓大主典、開拓判官として東京に在勤した。

　新撰北海道史によると「幕末以来蝦夷地跋渉の第一人者であり、また地理学者として普く名声を馳せた松浦武四郎が、その原動者として、満腔の蘊蓄を傾倒したものであった。松浦は先ず仮案として、蝦夷は元来地名にあらざることを述べて、日高見、北加伊、海北、海島、東北、千島の六道を選出し、各々歴史的の縁由を説いて参考に供している。反覆検索の上、北海道と称することに決議し、開拓使触書として公布を見た」とされている。このうち、北加伊とは、アイヌが自らの国を「カイ」と呼んでいることに思いを重ねたもので、北加伊が「北海」に改められたともいわれる。

　松浦武四郎を北海道の命名者として断定する向きがあるが、しかし、筆者は、北海道という名前は、松浦武四郎の知識を借りずとも、必然的に決まったもので、松浦武四郎の知識は、国名、郡名に生かされていると考えている。ポイントは、大宝・養老律令制度と重ね合わせることだ。

　既に紹介したように大宝・養老律令の地域区分は、道―国―郡となっており、道は、幾つかの国を包含する広域の区分で、東海道、東山道、北陸道、山陽道、山陰道、南海道、西海道の七つとなっている。蝦夷地に新たな道を設けず、既存の道に加えるとなると、隣接する陸奥国が含まれている東山道となるが、岩倉具視は、新たに南北二つの道を立てることを提案した。蝦夷地が東蝦夷地と西蝦夷地（後にカラフトが分かれて北蝦夷地となる）の二つに分かれていたことから、当初は二つの道を考えたようだが、一つの道となった。

　大宝・養老律令では、道名、国名は漢字二文字という約束事があり、既にある名前とのバランスも必要だろう。そう考えると、既に東海、南海、西海があるので、北海と考えるのが、ごく自然ではないだろうか。

　蝦夷地を令制国に位置づけることは、新政府の支配が及ぶことを内外に知らしめることで、国家の重要な決定事項にほかならない。開拓使の一存

で決められるものではなく、当時の太政官制度の下で、岩倉具視や大久保利通ら政府首脳の合意を得て決定されたと見るべきだろう。

国や郡の名前の由来は明らかではないが、郡は、松前藩が置いていた"場所請負の場所"の範囲にほぼ相当しているとされる。

明治30（1897）年郡役所に代わって支庁が置かれ、支庁が地域に浸透したため国名は使われなくなったが、郡名は今も地理的区分として郵便などに用いられることがある。

ここで樺太がなぜ令制国の対象から外れたのかという疑問が湧いてくる。筆者は、樺太がロシアとの混住の地で国境が定まっていないこと、蝦夷地開拓の目途がついてから樺太開拓に取り組みとの考えから、当分の間、様子を見ることにしたのではないかと考えている。

7　廃藩置県が適用されなかったのはなぜか

版籍奉還

明治新政府の基盤づくりが進められ、明治2（1869）年には、版籍奉還が行われた。王政復古によりわが国の支配権は天皇の下に一元化されたのであるから、版（土地）や籍（人民）に対する支配権も天皇に帰するべきであるとして、薩長土肥4藩の諸侯（藩主）が連名で、版と籍を朝廷に返還したいと「版籍奉還」を奏請し、諸藩がこれに続き許可された。これにより、全ての国土、国民は等しく国家の支配下に置かれることとなり、諸侯は知藩事となる。

地方統治のあり方として、江戸時代のような封建制か、大宝・養老律令時代のような郡県制か、いずれを取るべきか各藩の代表者が集まる公議所で議論された。これらは中国古代にあった地方支配の考え方で、封建制は家臣に領土を与えて統治させる分権的システム、郡県制は中央政府が直接官吏を派遣して統治する集権システムといわれる。両者の支持が拮抗したが、新政府は郡県制を選択した。

廃藩置県

　版籍奉還といっても、藩が廃止されたわけではなく、年貢の徴収と軍事の両権はこれまでどおり各藩が握っていた。戊辰戦争を勝利に導いた官軍は、戦争後それぞれの藩に戻ってしまい、藩主の支配下となり、新政府には軍のない状況となった。このため新政府は、明治4（1871）年、年貢の徴収と軍事の両権を中央政府に集中させるため、薩摩藩、長州藩、土佐藩から親兵として約6,000名を献兵してもらい、軍事力を固めた上で廃藩置県を断行する。全ての藩を廃し、そのまま県とし、府県官制を定め、府県に知事または県知事を置き、中央政府の官吏とした。旧大名である知藩事を罷免し東京居住を命じた。これにより江戸幕藩体制が完全に消滅し、天皇制国家が誕生する。

　知事または県知事の区別は位階に応じてなされたが、その後、知事・県知事を県令に改め、明治8（1875）年府県職制により府は府知事、県は県令となった。府県ともに知事に統一されるのは明治19（1886）年の地方官官制からだ。

　中央政府の地方出先機関は、全国に3府（東京、大阪、京都）、302県（うち261が藩から移行）が設置されたが、規模にバラツキがある上、飛び地があることから、4か月後には府県の行財政や経済力などを考慮し、旧来の国と郡をベースに、一県の規模を30万から40万石程度とした大胆な統廃合を行い、3府72県体制とする。

　その後も統廃合や分割分県が行われ、3府69県、3府60県、3府59県、3府35県となり、明治21（1888）年に今の形である3府43県となった。

　廃藩置県は当時、令制国が置かれていなかった北海道と琉球（沖縄）は対象外とされた。中央集権国家をめざし全国一斉に実施しようとしたが、まず内地を対象とし、制度が安定した後に、北海道、琉球（沖縄）に広げて行く考えのようだった。明治4（1871）年岩倉欧米使節団と留守政府との間で、留守政府が勝手なことをしないようにと十二款にわたる約定書を交わしているが、その第七款に「廃藩置県の処置は内地政務の純一に帰せしむべき基なれば条理を遂げて、順次其の実効を挙げ改正の地歩をなさしむべし」とあるのが、それを物語っている。

琉球は、一旦鹿児島県に編入された後、明治5（1872）年琉球藩とされ、明治12（1879）年沖縄県となった。
　一方、北海道は明治維新後、中央政府機関の開拓使が所管したが、ロシアの脅威に備えた警備体制を自前で整備できないことから、いわゆる分領支配体制をとっていた。これとは別に、道南地方には福島、津軽、檜山、爾志の4郡を所管する館藩（松前藩を改称）が置かれていた。廃藩置県により分領支配は廃止されたが、館藩は開拓使の所管とはならずに、いったん館県となり、二か月後に海を隔てた対岸の弘前県に統合された。しかし、4郡から不便だという要望を受け、一年後には開拓使に移管、これにより開拓使が北海道全域を所管する。
　明治維新以来、政府の目標は欧米先進諸国に追いつくため、集権的一元的な近代国家を建設することで、北海道にも、内地の府県と同様に県を置くことをめざすが、人口希少な未開の地に県を置くことは適わなかったのだろう。

8　開拓使の官有物払い下げ

黒田清隆の登場

　開拓使が本格的に動き出すのは、薩摩出身で明治維新の功労者、黒田清隆が明治3（1870）年開拓使次官兼樺太専務に就任してからだ。黒田は、翌年東久世開拓長官が辞職すると長官を空席としたままで長官代理となり、明治7（1874）年には長官となり、開拓使が廃止される明治15（1882）年まで開拓使のトップとして辣腕を振るった。明治新政府にとっても欠かせぬ重鎮であることから、北海道には赴任せず東京から指示を出す体制を取った。
　黒田は、外務大丞、兵部大丞の後に樺太担当の開拓使次官となるが、就任に当たっては、同じ薩摩出身の大久保利通の強い推挙があったと思われる。就任後は、早速ロシアの勢力拡大が続く樺太に出張し、実情を見分し、帰りには北海道の西海岸を視察し、函館に着くと居合わせた松本十郎判官

と北海道改革の意見を交換し、帰京すると、北海道開拓の必要性を説く建議書（「10月の建議」）を提出した。この建議は、廃藩置県の前に提出されているが、遅々として進まない国づくりや官吏の綱紀の緩みを鋭く批判する一方、北海道開拓の具体策を述べたもので、この建議がベースとなってこの後の北海道開拓が進められていく。

黒田開拓使次官の10月の建議
(1) 北海道の開拓に当たっては、鎮府を全道の中央にある石狩に置き、大臣を総督に任じ、地勢の便宜に従い諸県を分立し、諸藩の分領支配を廃止し一括統治とすること。樺太もその部内に置き北海道と一体的に統治すれば、分散紛擾の弊が除かれ、ロシアの勢いを抑えて「北門の鎖鑰」を固めることができる。

(2) 開拓の費用は、今、数十万に過ぎないが、北海道と樺太の歳費定額を年150万両とすること。これにより十数年の後、全道の富貴は内地と隆を比することになる。財源がないとすれば、鹿児島藩費10万石や鉄道製造費用を充て、また、北海道の諸税、諸官員の減禄分を加えれば十分に足りるはずだ。鉄道製造は重要だが、北地開拓との緩急軽重を考慮すべきだ。歳出の5分の4を開拓の費用に充て、その余は官吏の俸禄、南北渡海のための川蒸気船1艘の購入に充て、かつ臨時非常の費用に備え、20年を期して開拓の功を全て挙げること。

(3) まず急ぐことは人民を移し、道路を開くこと。掘割は、費用が甚鉅なため、定額の中では行わず、財源が充実するのを待って、漸次施行すること。

(4) 開拓を進めるに当たっては、漸を以てし、成果を急がず、官吏を減じ、煩擾を省き、仁政を施し、人心を安んじ、税賦を寛にし、苛細を事とせず、アイヌを撫育し、漁猟産業の法は旧慣によること。

(5) 渡島国や奥羽諸国のように寒気に慣れた人民の移住を進めること。

(6) 風土適当の国から開拓に長ずる者を雇い、移民の計画と輸入機械を精覈考究させ、鉱山、舎密の業に詳しい者に金銀、薬物の類を考察させ、かつ北海道、樺太の海岸を測量して要害の地を検証し、あらかじ

め海軍の設置を計画すること。
(7) 書生を精選して海外諸国に分遣し、事情を偵察し、他日の用に資すべきだ。
(8) 蝦夷地は、松前氏以来管轄者が凡そ五度に及び、民心洶々常に方向に迷い、帰着するところを知らない。願わくば、150万両の歳出を決議の後、大臣納言諸公が親しく実地を経歴し、施行すべきか否かを検証し、一定不易の法を確定すること。

御雇外国人の招聘

　黒田は、明治4（1871）年北海道開拓の技術指導者を招聘するためアメリカに出発した。岩倉視察団より前の渡米となるが、このとき7人の留学生も連れて行った。

　アメリカでは、ワシントン駐在の少弁務使森有礼（薩摩出身）の労を得てグラント大統領と面会し、開拓使顧問の招聘を要請し、農務省の長官ホーレス・ケプロンを「開拓使御雇教師頭取顧問」として迎えることになる。この時、黒田は北海道は東洋中富饒の一島と称すべき地だが、未だ開拓に成功していないのは人材がいないためだ。このため、貴国から地質、鉱山、農工諸学に通暁し実地練達の人を招聘し、開拓の顧問としたいと述べている。

　ケプロンは、滞在した3年余りの間、3回にわたり北海道各地を視察調査し、アメリカ東部を参考に開拓計画が立案できるとして、多くの提言を「ケプロン報文」として提出した。

　開拓使に対する明治新政府の財政支出は、明治2（1869）年の時点では5年間年額20万両と決定されていたが、黒田の建議を受けて、従来の定額金は廃止され、明治5（1872）年からは10年間で1000万両と決定された。また、租税は従前どおりとされた。この頃、政府の毎年の財政規模が1000万両であったことを考えると、手厚い措置であり、黒田をバックアップしようとする「富国」派の領袖大久保の意思が伺われる。

　黒田は、この10年間の定額金をもって、外人技術者の助言と指導を受けながら北海道を開拓し、「富国」をめざすことになる。

開拓の第一歩は、森林を開いて道路をつけ、橋をかけ、馬車が通れるように整備することから始められた。港の整備や地質、物産の調査などにも着手した。しかし、これらのインフラ整備には莫大な経費が必要で、政府の定額金だけでは賄いきれず、臨時に証券の発行や借入金を起こしたが、国家財政の窮乏から、1年足らずで不十分なまま縮小せざるを得なくなる。

　代わって殖産興業に力を入れていく。農業を産業の基本に据え、西洋式農業を広めるため官園を設置し、実験・実習の場とした。開拓に資する人材養成機関として、東京芝の増上寺内に開拓使仮学校を設置し、4年後には札幌に移転し札幌農学校とする。海外留学生の派遣にも力を入れ、明治4（1871）年岩倉使節団に5名の女子留学生を同行させた。幌内炭山の開発、幌内-手宮間の鉄道敷設、電信架設、郵便網の整備などにも取り組み、味噌、醬油、ビール、鮭缶詰、製糸、製網、農工具など多方面にわたる製造業を興すため40近い官営工場を設立した。

官有物の払い下げ

　明治5（1872）年から始まった「開拓使10年計画」が終期に近づきつつある頃、開拓長官黒田は、開拓使事業は道半ばであり当初の建議どおり20年が必要であると主張し、一方大蔵省は、西南戦争の出費により国家財政は危機的状況にあり10年計画をもって終了すべしとせめぎあいが続いていたが、大久保の死によって後ろ盾を失った黒田には、不利な状況だった。

　こうした折、政府は明治13（1880）年緊縮財政を貫くため、官営事業を民間に払い下げる「工場払下概則」を定めた。殖産興業政策により、次々に開設した官営事業の多くが赤字経営だったため、民間に経営を委ねようというもので、開拓使事業もその対象となり、払い下げ対象事業の選定が始められ、これにより開拓使の廃止が決定的となった。

　こうした動きの中で、開拓使事業を何とか継続しようと、開拓使大書記官の安田貞則らが、退官して北海社という会社を興し、開拓使所管工場の払い下げを受け、経営に当たりたい旨の請願を開拓使に行った。その内容は、開拓使事業の中で大きな比重を占める幌内の炭鉱と鉄道、岩内の炭鉱などを除き、船舶、物産所、牧場、麦酒醸造所、缶詰所、ラッコ漁所、官

舎など24の物件を38万円、30年賦無利息で払い下げて欲しいというものだ。開拓使事業は御雇い外国人の協力を得た国際協力事業ともいうべきもので、この継続を願う黒田は、請願の承認を閣議に諮り、払い下げが決定した。

　ところが、これを新聞で報道され、1,400万円の費用を投じたものをわずか38万円で払い下げるのは、理不尽だとの政府批判が高まった。

　開拓使の10年間の総支出額は約1,800万円で、そのうち事業費はおよそ460万円程度とされることから、鉱山などを除いた24の物件の投資額は300万円程度と推定され、1,400万円という報道は為にする金額といえよう。

　緊縮財政の下で経済が底冷えし、民間企業も経営難に喘ぐ中で、「工場払下概則」に基づく払い下げは一件もなく、明治17（1884）年に廃止されたが、その後、政府は個々諮議の形で三井や三菱、古河などのいわゆる政商に無償に近い価格で払い下げており、開拓使の払い下げがなぜ批判されるのか理解に苦しむところだ。

　開拓使の官有物払い下げ事件と相まって、折から国会開設を求める自由民権運動が激しさを増していた。このため、政府は、開拓使の官有物払い下げを中止にすると同時に、国会を明治23（1890）年に開設することを約束し、政府批判の鎮静化をはかった。新聞に情報をリークし、政府を混乱に陥れたとして大隈大蔵卿を罷免、黒田開拓長官は辞表を提出し、内閣顧問の閑職への転任となる。黒田の後任には、開拓使廃止までの僅かな期間ではあったが、同じ薩摩出身の農商務卿西郷従道が兼任した。いわゆる「明治14年の政変」と呼ばれるものだ。官有物払い下げ事件で誹謗中傷を受けたとはいえ、黒田清隆の北海道開拓に尽くした功績は色褪せるものではない。

9　北海道庁の設置

三県一局の設置

　開拓使の廃止を決めた政府は、その後の北海道の統治機関として内地の府県と同様に県を置く方針を固め、明治14（1881）年開拓長官西郷に対し、県の区域や所要経費、拓地殖民事業の処分方法などの具体策を各省と協議し提出するよう求めた。

　西郷は、建議という形で答えるが、冒頭で「開拓使は百般の事業に着手し、漸次その結果を見ることができ、遂に今日立県の基を成すに至ったことは、欣幸に堪えない。しかし、これまで諸省と対等の事権を有していた開拓使の所管事務を諸県と同一の制にすることは時宜に適せず。若し強いてこれを行うとすれば十余年間の事業経営の効果は皆水泡に属することになる。故に今後の処分の方法は諸県の例外となることを免れない。この点深く意に留めて頂きたい」と注文を付けている。

　政府は、開拓長官西郷の提言を踏まえ、明治15（1882）年太政官布告により函館、札幌、根室の3県を置いた。

　三県の管轄区域は、開拓使の本庁と函館支庁、根室支庁の所管区域とされたが、当時の人口は、函館県13万人、札幌県9万人、根室県1万2,000

《三県の管轄図》

人に過ぎなかった。また、県の税収で県政を賄うという自賄の方針で、予算も函館県21万円、札幌県35万円、根室県10万円だった。開拓使が行っていた拓地殖民や殖産興業の各種事業は、大蔵省、工部省、農商務省、宮内省、陸軍省、海軍省などへ移管するとされたが、殖民や山林などの事業は、省が直接執行することを嫌い、一部を三県に委託する。翌年には、各種の官営事業を一体的に進めるために、農商務省に北海道事業管理局を設置する。

　しかし、拓地殖民や殖産興業の事業を三県や各省に分轄したことから、相互に関係する業務であるのに意思疎通に欠け、加えて折からの不景気によって、これらの事業は停滞し、三県一局体制の見直しを求める声が高まってきた。こうした事態を踏まえ、明治18（1885）年伊藤博文参議は、太政官大書記官金子堅太郎を北海道に派遣し、県政の実情を調査させ機構改革案の提出を命じた。金子は、70余日にわたって北海道内をつぶさに調査し「北海道三県巡視復命書」を提出した。その大要は「県庁は内地府県の制度を模倣することに汲々とし、管理局は従来の事務を維持するに止まっており、拓地殖民の急務を計画することができないでいる。このままでは数十年を経ても北海道開拓の大事業は成就しない。政府は、断然一大改革を行い県庁および管理局を廃止し、殖民局を設立し、欧米の殖民論に基づき、事業の着手順序を定め、外形の虚飾を省き、拓地殖民の急務を実行すべきである」というものだった。これにより、三県を廃止し、統一的な拓地殖民行政機関の設置が検討され、明治19（1886）年北海道庁が設置される。三県一局体制は、僅か4年で終わることになるが、通常これを三県一局時代と呼んでいる。

北海道庁の設置

　金子堅太郎は、殖民局の設置を提言していたが、法制局長官井上毅の意見によって北海道庁に変更された。行政機関の名称に「庁」を付け、そのトップを「長官」と呼ぶのは、国の地方出先機関であることを表すものだ。

《北海道庁設置の内閣布告第1号》

> 　北海道は土地荒漠住民希少にして富庶の事業未だ普く邊隅に及ぶこと能わず今全土に通して拓地殖民の実業を挙ぐるか為に従前置く所の各処分治の制を改むるの必要を見る因て左の如く制定す
> 　　　　第一
> 　函館札幌根室三県並北海道事業管理局を廃し更に北海道庁を置き全道の施政並集治監及屯田兵開墾授産の事務を統理せしむ
> 　　　　第二
> 　北海道庁を札幌に支庁を函館根室に置く

　三県一局時代の反省を踏まえ、拓地殖民事業は、北海道を一つとした広域行政区画の下で地方行政事務と合わせ、中央政府の直轄事業として進めることになる。開拓使への先祖返りのようなものだが、開拓使は中央政府そのものの機関だが、北海道庁は中央政府の地方出先機関という位置づけだ。

　この当時、内地の府県には、自治的要素を取り入れた府県会規則、地方税規則が適用されていたが、北海道は適用外だった。

　内地の府県は、内務省の所管に属し、地方官官制により知事が置かれ、内務大臣の指揮監督に属したが、北海道庁は内閣の直属とし、北海道庁官制により長官を置き、各省の主務は各省大臣の指揮監督を受けた。同年末には、内閣総理大臣の直属となり、明治23（1890）年からは内務大臣の直属となり、北海道局が置かれ、北海道に必要な予算は、「北海道拓殖費」として内務省の予算に一括計上された。

　明治29（1896）年からは拓殖務省の所管に属したが、拓殖務省は僅か1年5か月で廃止されたことから、その後再び内務省の所管に属した。

　拓殖務省は、日清戦争により割譲を受けた台湾を所管する中央政府機関として新設されたもので、省内に台湾を所掌する南部局、北海道を所掌する北部局が置かれた。

なぜ北海道が台湾と同じ行政機関の所管となったのか明らかではないが、第一部で述べたように、当時の台湾は内地、準内地、外地のいずれとするのか方針が定まらず揺れ動いていた時期であり、当面、北海道と同じように準内地として拓殖行政を進めようと考えたのではないだろうか。

拓地植民政策　旧土人保護法の制定
　三県一局から北海道庁への移行期は、西南戦争の戦費調達で生じたインフレを解消するために取られたデフレ政策、いわゆる松方デフレにより、米、繭などの価格が下落し、しかも増税が加わり、深刻な不況に見舞われた時代だった。とりわけ農民や下級士族が大きな打撃を受けた。だが明治15（1882）年日本銀行が設立され、その4年後に、銀本位の貨幣制度が整うと、物価が安定し金利が低下し、産業界が活気づき鉄道や紡績を中心に会社設立ブームが起こった。
　政府の産業政策も、官営企業から民間産業育成政策へと転換し、一時中断していた官有払い下げを進めていく。明治30（1897）年には、農業分野に長期低利資金を融資する日本勧業銀行が設立され、府県には農工銀行、拓地殖民事業を進める北海道には、明治33（1900）年北海道拓殖銀行が設立された。
　北海道の開拓を進めるためには、内地の府県から多くの移住者を迎える必要があったが、移住者は僅かで、松方デフレで土地を失った農民や失業士族だった。
　こうした状況を踏まえ、北海道庁は移住政策を見直し、移住者に渡航費や家屋などを給付する直接保護から道路や港湾などを整備する間接保護へと転換し、移住の重点も「人」から「資本」へと移し、会社や団体も対象とした。
　明治19（1886）年まず人民が安心して移住できるよう殖民に適すべき土地を選定する殖民地選定事業を行い、「北海道土地払下規則」を制定した。これまでの「北海道土地売貸規則」では、払下げ面積を一人10万坪と制限していたが、これを撤廃し、大規模農法への道を開いた。これにより華族、政商、官僚らによる大規模農場の設立が相次いだ。大農場は初め、直営方

式だったが、やがて小作制へと転換する。

　明治24（1891）年からは、毎年、移住の手引書として「北海道移住問答」を刊行し、①官有未開地の貸下げを受けて開墾に成功すれば誰でも1,000坪1円で払下げを受けられる　②払下げを受けた土地は翌年から20年間は地租や地方税が免除される　③地租は地価の100分の1である　④所得税は官吏以外免除である　⑤徴兵令は函館、福山、江差で施行し、渡島、後志、胆振、石狩の4か国では移住後5か年は徴集猶予、それ以外の国では未だ施行されないなどと移住による恩典を宣伝した。

　明治30（1897）年には、移民をさらに進めるため「北海道国有地未開地処分法」を定め、無償貸付、無償付与とし、個人の場合土地であれば150万坪、会社や団体はその2倍を限度とし、大規模な払下げを行ったが、不在地主の発生を招くことになり、全国有数の小作地帯となった。

　移住者は、明治25（1892）年以降、毎年4万人を超えるようになり、大正8（1919）年にはピークとなる9万1,465人を数えた。人口も急上昇し、同年時点では224万人となった。

　移民政策により内地の府県から多くの移住者が入り込み、北海道の開拓が進んでくると、先住していたアイヌは、生活の糧としていた狩猟、漁労、採集などの場を狭められ、狩猟、漁労の禁止も加わり貧窮していった。そこで、政府は明治32（1899）年「北海道旧土人保護法」を制定し、農業で生計を維持できるよう一戸につき1万5,000坪の土地を無償で払下げ、農具や種子も与えた。しかし、既に和人の移住者に大量の土地を配分した後であったため、農地に適する土地は少なく、農業指導もほとんど行われず、アイヌの窮状を改善するには至らなかった。

　病気にかかって治療費がない場合には薬代を援助したり、アイヌの部落に小学校を設置し、子どもたちに日本語を習得させたり、就学困難な場合には授業料を支給するなどの援助も行ったが、成果は乏しかった。

10　適用が遅れた市制、町村制

大区小区制の導入

　明治新政府は初め、中央政府の体制固めに没頭し、地方統治制度には余り関心もなく、関心を持つだけの余裕もなかったとされるが、中央集権体制を確立するため地方統治制度を整えていった。

　江戸時代、農村には村、市街地には町が自治組織として自然発生的に存在し、明治維新後も存続していたが、明治4（1871）年に制定された戸籍法によって、旧来の町村を無視し、「区」を置いたことにより存在が危ぶまれるようになった。「区」は旧来の町村とは関係なく、行政の力によって作られたいわば行政村で、4～5丁若しくは7～8村を目安に作られ、「第○区」と番号で表し、戸長、副戸長を置き、府県が任命した。人選は府県の自由裁量とされ、庄屋など旧来の町村役人を横滑りさせるところや官吏を充てるところなど様々だった。

　戸長は、初めは戸籍事務のみを扱ったが、後には一般行政事務も扱うようになり、町村行政を取り仕切っていた庄屋、名主、年寄との間で権限が競合するようになる。

　明治5（1872）年には、旧来の町村役人であった庄屋、名主、年寄を廃止し、新たに大区・小区制を布き、大区の下に旧来の村単位に小区を置き、地方の行政機構とする。大区には官選の区長、小区には戸長を置き、戸長は旧来の町村役人を充て、「第大3区小5区」といったように行政区域を番号で表した。しかし、旧来の町村を無視するやり方に不満が高まった。

　こうした不満を解消しようと、明治11（1878）年に自治的な仕組みを取り入れ、わが国の地方制度の始まりとされる三新法を制定する。

三新法の制定

　三新法とは、町村を対象にした郡区町村編制法、府県を対象にした府県会規則と地方税規則をいう。これと同時に府県の行政組織を統一的に定める府県官職制も制定され、府県の下に郡と区を置き、郡と区双方の下に町

村を置き、府県、郡は純然たる国の地方出先機関とし、区町村は地方団体であり、かつ国の地方出先機関とした。これにより中央政府の地方出先機関は、府県―郡区―町村という仕組みができあがった。

三新法は、大久保内務卿の「維新以来政府は封建体制から近代的な集権国家体制への改革を行ってきたが、不平の空気が充満しており、騒乱一揆が頻発し、物情すこぶる穏やかでない。戸長の措置についてまで政府の攻撃の的になることがあるが、これは、地方の自治を認めないで、一から十まで政府が握って離さぬことから起こるのである。純然たる地方公共事務は地方の自治に任せ、地方議会の決定に従って行わせることにしたならば、今日のように町村の末端行政についてまで政府が責任を追及されることはなくなるに違いない」との意見が端緒とされる。つまり地方の自治を認めることが政治を安定させる基礎だという。

郡区町村編制法では、大区・小区制を廃止し、江戸以来の郡、町村を復活させ名称も従来どおりとした。ただし、3府（東京府、京都府、大阪府）5港（横浜、神戸、長崎、箱館、新潟）、その他人口が密集する市街地には区を置いた。郡には郡長、区には区長、町村には戸長を置き、郡長や戸長は兼務も可能とした。一人の戸長が平均5町村（約500戸）を兼務し、本務戸長がいるところを戸長役場と称した。郡長と区長は官選で、戸長の選任は公選とし、その方法は町村に任せたが府県知事の任命制とした。

明治13（1880）年には区町村会法を制定し、区町村にも議会の設置を認めた。区町村会は当初、「公共に関する事件とその経費の支出、徴収方法」

《郡区町村編制法による地方統治体制》

```
              府　県           ・府県官職制
                │             ・府県会規則
        ┌───────┴───────┐     ・地方税規則
     郡（農村部）      区（都市部）
   ┌───┼───┐       ┌───┼───┐
   村   村   町       町   町   町
```

を議定するとされたが、3年後には府県会と同様「区町村費をもって支弁すべき事件」に限定され、議員の選挙に関しては、区町村の規則で定めることとされた。

　区町村には、府県のような税に関する規則はなく、従来どおり住民に負担をお願いする民費に頼ることになる。
　・郡には郡長1人を置く。ただし、小さい郡は数郡に1人でも可。
　・区には区長1人を置く。
　・町村には戸長1人を置く。ただし、数町村に1人でも可。区内の町村は区長の兼務も可。
　・戸長がいるところは戸長役場と称された。

　府県制の前身とされる府県会規則、地方税規則は、五箇条の御誓文を踏まえ、各地で自主的な県会や村会、いわゆる民会の設置が進んだことを受け、これを府県の議会として法制化し、地方公費の歳出入の議事機関とするものだ。

　府県は、国の地方出先機関であり、国政事務と義務的固有事務を担っていたが、府県会には、国政事務を関与させないという狙いでもあった。

　府県会は、住民の代表となる議員を選挙で選ぶもので、府県税により支弁すべき経費の予算とその徴収方法を議定する。議員の選挙は、各郡区を選挙区とし、定数は規模により5人以内、選挙権は年齢要件（満20歳以上の男子）、住所要件（本籍を有す）、納税要件（地租5円以上）のある制限選挙で、地方の名望家を政治に参加させようとするものだ。

　府県税は、地租割と営業税・雑種税、戸数割の3種で、地租割と戸数割は、それまで地域の協議により分担されていた民費の中心をなすもので、営業税と雑種税は従来から府県が税として徴収していた。したがって府県が新たに得た税目はない。ただ民費の中心部分が府県税とされたことで、同じ民費に頼っていた区町村には痛手となった。

　支弁すべき経費は12種で、警察費、河港道路堤防橋梁建築修繕費、府県会議諸費、流行病予防費、府県立学校費及び小学校補助費、郡区庁舎建築修繕費、郡区吏員給料旅費及び庁中諸費、病院及び救育所諸費、浦役場及

び難破船諸費、管内限り諸達書及び掲示諸費、勧業費、戸長以下給料及び戸長職務取扱諸費とされた。

　府県が徴収した税金は、先ず府県が必要経費を控除した後に、国庫に納付していたが、地方税規則により国税と府県税の区分が明確にされ、国が支弁すべき経費と府県が支弁すべき経費も明確にされた。

　廃藩置県が適用されず中央政府の直轄領だった北海道は、三新法や区町村会法は適用除外だったが、開拓使は、明治12（1879）年郡区町村編制法を準用する形で実施し、区町村会法も明治13（1880）年、要望の強かった函館市で実施した。

市制町村制の制定
　明治21（1888）年には市制町村制が制定された。山県有朋内務卿がドイツ人顧問モッセの助言を得たものだが、翌々年に制定した府県制、郡制とともに、わが国の近代的な地方制度の第一歩とされる。しかし、これらの重要な制度は、明治憲法に規定されず、また帝国議会の開設前に制定されたことになる。これはドイツ人顧問のモッセの「まず国民に公務を習熟させ、党派政争の風波にさらされる前に地方制度を確立し国家の基礎を固め、その上で憲法を制定すべきだ」という意見を踏まえたものだ。

　郡区町村編制法では、自然村を尊重したことから府県の町村数は、明治21年末には7万1,314、うち約7割が戸数100戸以下という小規模な町村が多かった。市制町村制では、市町村に小学校の設置などを求め、「独立自治に堪ゆるの資力なき」小規模な町村では対応できないことから、300戸から500戸を町村の標準規模とする「明治の大合併」を強力に進めることになる。この結果、町村数は明治22（1889）年末には1万5,820に減少した。

　市制町村制は、市と町村を基礎的地方団体と位置づけ、市は府県に直接包括され、町村は第一次的には郡、第二次的には府県に包括される。市は、人口2万5,000人以上の市街地に施行し、東京、京都、大阪の大都市は、特例市として市長を置かず、府知事がその職務を行うとした。市町村に法人格を与え、公共事務を処理させ、国の機関委任事務も処理させた。

市町村内に居住する者を住民と公民とに分け、公民は年齢要件（25歳以上の男子）、住所要件（2年以上居住）、納税要件（地租又は年額2円以上の国税を納める者）を満たす者とし、市町村会議員の被選挙権、選挙権を与えた。
　市町村会は、公民を納税額によって3等級（町村は2等級）に区分し、等級ごとに選挙で選ばれた議員で構成し、市町村に関する一切の事件と委任された事件を議決する機関とした。
　執行機関は、市では合議制の市参事会（市長が議長となり助役、名誉職参事会員で構成）、町村では町村長とした。市長は市会が推薦した3名のうちから内務大臣が選任し、町村長は町村会で選出したものを知事の認可とした。
　財源は、財産収入、営造物使用料、手数料とし、不足する場合にのみ租税、夫役現品を徴収し、災害などの際には一時借入金、起債の道も開かれた。
　北海道への適用について、市制は「地方の情況を裁酌し、府県知事の具申によって内務大臣が指定する地に施行する」とされたが指定はなかった。町村制は「地方の情況を裁酌し、府県知事の具申によって内務大臣の指揮をもって施行すべきこと」「北海道、沖縄、勅令で定める島嶼には施行せず別に勅令をもって定める」とされ、市制町村制ともに適用除外とされた。

北海道区制、1、2級町村制の制定

　明治21（1888）年、内地の府県に市制町村制が制定された際、北海道は適用除外とされ、郡区町村編制法を準用する形で箱館、札幌に区が置かれ、それ以外には戸長役場の下での町村が置かれていた。
　その後、明治32（1899）年には北海道区制、明治33（1900）年には北海道1級町村制、明治35（1902）年には北海道2級町村制が施行された。これにより内地の府県の市に準じた区、町村に準じた1級町村、町村に満たない2級町村、これらにも満たない戸長役場の4種類となった。
　北海道区制は、まず札幌、箱館、小樽で実施され、その後、旭川、室蘭、釧路で実施された。内地の市制に準じ、法人格を有し、区長は区会の推薦

者3名のうちから内務大臣が選任した。

居住者を公民と住民に分け、公民に区会議員の選挙権を与えた。内地の市制との主な違いは、執行機関としての参事会を置かず、区長の独任制とし、公民の資格要件がやや厳しかった。

北海道1級町村制は、大野村、江差町、稚内村、室蘭町、釧路町、厚岸町、根室町などの16町村で実施され、その後、漸次増加していった。内地の町村制に準じ、町村長は町村会で選挙し、北海道庁長官が認可した。町村会の議長は町村長が兼務した。居住者を公民と住民に分け、公民に町村会議員の選挙権を与えた。内地の町村制との主な違いは、公民の資格要件がやや厳しかった。

北海道2級町村制は、豊平村、石狩町、網走町、帯広町など62町村で実施され、その後、漸次増加していった。町村長は北海道庁長官が任命し、町村会の議長は町村長が兼務した。公民制を設けず、住民に対し町村会議員の選挙権として、年齢要件、居住要件、納税要件が定められた。

戸長役場は、郡区町村編制法に基づき置かれた町村で、2級町村制を施行するに至らないところに引き続き置かれた。戸長は官選で「戸長職務概目」により事務を処理したが、町村会はなかった。

《区制、1級2級町村制、戸長役場の実施状況—明治35年12月31日》

	区	1級町村	2級町村	戸長役場
施行した数	3	17	62	117
総人口(約104万人)に占める割合	21%	17%	32%	31%

注　1級町村は当初16町村だったが、明治35年4月に旭川町で施行され17町村となった。

区や1級町村、2級町村を指定する基準は明らかにされていないが、筆者は、区は内地の市に準じ人口2万5,000千人以上、1級町村は人口7,000人以上、2級町村は内地で実施された明治の大合併の基準である300戸以上がベースであったと推察している。

ところで、なぜ市町村制度を4種類に分けたのだろうか、それには、明治27（1894）年の井上馨内務大臣の「北海道に関する意見書」が影響している。

　意見書では、①本道地方組織は、もとより改正を要すべきだが、他府県と同一の制度を画一に実施する時期に達していない。仮に他府県と同一の制度を導入しても、成果を上げることもできず、かえって発達進歩を害すことになる。②拓殖事業の最も発達した石狩地方の人口は、ようやく10万に達し、本道総人口の5分の1を占めるが、村落は45村に止まっている。その他の部落に至っては、道路修繕費を負担する資力もなく、学校、病院、村医、渡舟などの費用に至るまで国庫の支弁に頼っている。いわんや移民の2戸、3戸が散在する地方では、開墾力作した生産物で生活しているに過ぎず、一般公共の費用に堪える余力はない。③概して言えば全道6千9百方里の地は猶草昧茫漠の境に属し、新旧移民、土人が散在して村落の名前はあるけれども境界すら判然としないところが少なくない。13の郡長を一人で兼任している例もあるが、官民ともに不便を感じている様子は見られない。④北海道の地方制度を論ずる上では、こうした事実を直視すべきだ。したがって、箱館のように完全の市街を成し、負担に堪えることのできる地には、適当な特殊の組織を設け、他の村落に関しては2種若しくは3種の組織を設け、その人口疎密や資力厚薄の度に照らし適応し、漸次進歩をはかるべき。

　と述べている。つまり、府県と同一の市制町村制を適用できない理由として、人口希少の未開の地であること、公共の費用を負担できる地租納入者が少ないこと、自治意識が育っていないことを上げている。

　区制は大正11（1922）年に市制に移行し、戸長役場は大正12（1923）年に全てが2級町村に移行したことを受け廃止、1級・2級町村は昭和18（1943）年に廃止され、1級町村は町村に、2級町村は指定町村に移行し、昭和21（1946）年指定町村が廃止され、ようやく内地の府県並みの町村制となり、昭和22（1947）年地方自治法の制定を迎えることになる。

11　適用されなかった府県制

府県制、郡制の制定

　山県内務大臣は、市制町村制に続き府県制・郡制の制定に取り組むが、府県・郡の性格をめぐって反対意見が強く予想以上に難航し、公布は、憲法発布に間に合わず明治23（1890）年となった。とりわけ井上毅法制局長官の「町村の自治は政治家の備えたものでない、自然のものである、固有のものである。然るに郡県に強て自治制を行うは、人作の自治にして天然の自治ではない。私は町村自治の賛成者であって、而して府県自治の反対者である」との反対意見は大きな影響を与えたとされる。

　府県、郡は、中央政府の地方出先機関であると同時に地方団体として位置づけ、府県会、郡会を置き、府県、郡の歳入歳出予算などの議決機関とした。府県会の権限は、旧府県会規則では「地方公費」に限定されていたが、「府県の歳入出予算」と範囲が広がった。しかし、府県知事に予算の原案執行権が認められており、府県会の権限は弱かった。

　府県会議員は市と郡から選出する複選制とし、市では市会と市参事会、郡では郡会と郡参事会が会同し無記名投票とした。郡会議員は町村会と大地主から選出する複選制とし、府県、郡の副議決機関として府県参事会、郡参事会を置いた。参事会は年に1回しか開かれない議会を補完し、必要な時に開くものだ。

　府県制を実施するためには、小規模な郡を合併し、ある程度の規模の郡をつくることを条件としたため、全国一斉ではなく、条件の整った府県から移行が始まった。しかし、郡を地方団体と位置づけることや議員の選出方法になお反対が強く、施行後8年経過しても東京府、大阪府、京都府、神奈川県、岡山県、広島県、香川県、沖縄県の3府5県では未施行であった。このため明治32（1899）年制度改正を行い、府県が法人であること、知事が統轄代表者であることを明定し、府県会、郡会議員の選出方法を改めた。こうした環境整備の後、未施行だった3府4県で施行され、最後に残った沖縄県は明治42（1909）年に施行された。

郡制は大正12（1923）年、地方団体としての郡は廃止され、郡長、郡役所は国の地方出先機関として存置されたが、大正15（1926）年地方官官制の改正により、郡長、郡役所も廃止され、郡は単なる地理的名称に過ぎないものとなり、地方団体は府県―市町村の二層制となった。
　北海道への適用について、府県制は「郡制市制を施行した府県」、郡制は「町村制を施行した府県」とされ、いずれも適用除外だった。郡はあったが、この郡は郡区町村編制法を準用したもので、明治30（1897）年支庁が設置されたことにより廃止された。

12　北海道地方費法をつくった理由とは

北海道会法、北海道地方費法の制定

　明治時代の日本は、人口増加の時代でもあり、とりわけ明治27（1894）年以降は、毎年40万人以上も増加しており、その受け皿として北海道への期待が高まっていた。こうした背景の下、北海道庁では政府に対し拓地殖民事業を着実に進めるため、「北海道10年計画」の策定を要望した。この計画は、明治34（1901）年から10年間で、国費3,341万円、うち拓殖費として2,161万円を投下し、道路の新設、港の築港、駅逓の増設などの拓殖事業を計画的に実施しようとするものだ。
　この要望は、政府にとっても、北海道の経費を全て国費で賄っていた仕組みを改め、北海道にも地方費を負担させるチャンスだった。つまり、北海道庁が行う地方行政事務（国政事務、義務的な固有事務）と拓地殖民事業のうち、義務的な固有事務いわゆる地方費は北海道庁の自賄とし、国費の膨張を抑えようという意図があったと思われる。そこで、明治34（1901）年、北海道会法と北海道地方費法を制定した。北海道が徴収できる地方税を定め、地方費を独立させ、地方費の予算や決算を審議するための議会を設置しようというものだ。
　地方税の税目は反別割と水産税とされ、支出できる費目は、**警察費、警察庁舎建築修繕費、土木費、衛生及び病院費、教育費、救育費、諸達書及**

び掲示諸費、勧業費、2級町村長書記給料旅費、戸長役場費及び戸長以下給料旅費諸給与、北海道庁舎建築修繕費、北海道会議員選挙費、北海道会費、補助費、地方税取扱費、予備費とされた。

北海道会は、選挙区（支庁及び区）ごとに選出された議員で構成された。選挙権は年齢要件（満25歳以上の男子）、住所要件（3年以上居住）、納税要件（国税3円以上など）のある制限選挙とされた。

この当時、内地の府県には府県制が施行されており、法人格を有し議会の議決範囲も「地方費」に限定されず、「府県の歳入出予算」と自治の範囲が広かった。しかし北海道の取扱いは、府県制より前の古い三新法といわれる地方税規則、府県会規則を宛がうというものだった。

第一期・第二期拓殖計画

明治34（1901）年から始まった「北海道10年計画」で、予定通りの事業支出が行われたのは、最初の2、3年に過ぎず、明治37（1904）年には日露戦争が始まり、予算が削減され計画は9か年で打ち切りとなった。この間、支出された国費総額は約1,081万円で、当初計画の半分に過ぎなかった。

北海道庁では、10年計画に続いて明治43（1910）年から15か年間の第1期拓殖計画を立てた。10年計画と同様、移民招来のため道路橋梁など基礎的施設の整備のほか、新たに土地改良事業に重点を置き、目標は人口300万人（当時の人口は160万人）、国有未開地の処分164万8550町歩とした。しかし、事業の進捗状況が思わしくないことから、途中で計画期間を2年間延長し17年計画としたが、計画終了時の大正15（1926）年には、人口約243万人、国有未開地の処分約134万7000町歩、支出総額は約1億6,000万円だった。

第1期拓殖計画が終了したとはいえ、北海道の拓地殖民事業は道半ばであり、北海道庁では引き続き昭和2（1927）年から昭和21（1946）年までの20年間に及ぶ第2期拓殖計画を立てた。第1期計画と同様、移民招来のため、道路橋梁など基礎的施設の整備とし、拓殖費の総額は9億6,000万円、目標は移住者197万人を収容し総人口600万人（当時の人口247万

人)、国有未開地の処分65万町歩、農耕適地158万町歩の懇成、牛馬100万頭の育成とした。この計画をもって、拓地殖民事業を終了し、内地の府県と同一の府県制に移行しようという理想もあって、目標は過大に設定された。

　しかし、計画の前半は不況に直面し、冷害凶作に見舞われ、満州国が建国されると殖民政策の重点は満州に移り北海道への関心が薄れていった。計画の後半は太平洋戦争の下で戦争協力体制となり、計画は事実上凍結され、計画終了時の昭和21(1946)年には、人口約350万人、既懇地約78万町歩、牛馬約40万頭という結果だった。

13　道制をつくった狙い

敗戦、占領、憲法の制定
　昭和20(1945)年、戦局が悪化する中でアメリカ、イギリス、ソ連の3か国首脳が戦後処理を話し合うためヤルタで密約協定を結び、アメリカ、イギリス、中国の首脳名で日本に無条件降伏を求めるポツダム宣言を発表した。しかし、日本がこれを「黙殺」したため、アメリカは、広島、長崎に原子爆弾を投下し、ソ連は日本に宣戦布告し満州、朝鮮、南樺太、千島列島などに侵入した。こうした事態を受けて、日本はポツダム宣言を受諾し、太平洋戦争は終わり、連合国に占領されることになった。アメリカ軍による事実上の単独占領で、日本政府がマッカーサー元帥を最高司令官とするGHQの指令、勧告に基づいて政治を行う間接統治の方法が取られる。占領目標は、非軍事化、民主化を通じて日本社会を改造し、アメリカや東アジア地域にとって日本が再び脅威となるのを防ぐことであった。

　国の内外に配備された陸海軍の将兵約780万人の武装解除、復員も進められ、外地からの引揚げによって、人口が増大し失業者も急増、昭和20(1945)年が大凶作だったことも重なり、食糧危機に直面した。政府は、復員、引揚者の受入れと食糧増産をはかるため「緊急開拓事業実施要領」を定め、5年計画で全国の未利用地150万町歩を開拓し、100万戸を入植さ

せるという目標を立て、北海道に70万町歩、20万戸を割当てたが、目標自体が過大で成果は乏しかった。

昭和22（1947）年憲法が施行された。国民主権、基本的人権の尊重、平和主義の三原則を明らかにし、国民が直接選挙する国会を「国権の最高機関」とする一方、天皇は政治的権力を持たない「日本国民統合の象徴」となった。第9条で「国際紛争を解決する手段」としての戦争を放棄し、戦力は保持せず、交戦権も認めないと定めたことは、世界にも他に例がないとされる。

なぜ道制を設けたのか

第1部で述べたように、GHQは、憲法に地方自治に関する根拠規定を置くよう強く求めてきた。同時に、内務省に対し、直ちに首長の公選を実施するよう地方制度の改革を指示した。

地方制度は、東京都制、府県制のほかに中央政府の直轄地域として北海道の3種類があり、明治4（1871）年の廃藩置県以来76年間、都道庁長官、府県知事は常に政府が任命していたもので、これを住民の直接選挙で選ぶことは、わが国の地方制度の歴史上画期的な変革であった。

知事公選制は、全国共通なものだけに東京都制、府県制、それに北海道を合わせた一体的でシンプルな制度設計が必要とされた。

住民による直接選挙か議会を通じた間接選挙か、身分は官吏か公吏かが問題となったが、結局、直接選挙とし、身分は憲法施行の日までは引き続き官吏とした。

北海道庁に内地の府県と同じ機能を持たせるため、北海道会法、北海道地方費法を廃止し、道制とすることも盛り込まれ、道制と府県制を一体のものと捉えるため、道府県制と呼んだ。

道制は、府県制の特例で、府県と同じように国の地方出先機関であると同時に法人格を持つ地方団体だが、首長はこれまでどおり北海道庁長官と称し、府県との大きな違いは、地方行政事務のほか拓地殖民事業を所管し、内地の13府県分に相当する広い行政区域だった。名称は明治2（1869）年太政官布告で定められた「北海道」を踏襲した。

内務省に勤務していた鈴木俊一氏は、道制の制定経緯について「回想・地方自治五十年」の中で「これは全く日本側の私どもの案である。別々の仕組みでは面倒であるから府県と同じようなものは府県並みにした。GHQからいろいろうるさいことを言ってこないうちに、できるだけ早く改正案を固めた」と述べている。

　筆者は、北海道を内地の府県と同じに扱うためには、分割分県して府県制の中に取り込むべきだったと考えるが、内務省は、時間的に余裕のない中で、行政区画の再編につながるような改革には消極的で、差し当たり既存の制度の延長線上で考えようという意識が強かったと思われる。この道制が今も続いているだけに、なぜ府県制に移行できなかったのかと惜しまれてならない。

　第1回の知事公選は、憲法施行前の昭和22（1947）年4月5日に行われた。また、町内会、部落会、隣組も同年内務省訓令によって廃止された。この改正によって、北海道にだけ存在していた指定町村制も廃止され全国共通の町村制となった。

14　地方自治法における道制の位置づけ

地方制度調査会での審議

　昭和21（1946）年の地方制度改正は、GHQとの間で十分な事前調整が行われないまま施行され、GHQからさらなる改正を求められた。このため内務省では、内務大臣の諮問機関として地方制度調査会を設け、地方自治の民主化に向けて幅広く検討を行い、東京都制、道府県制、市制、町村制を一括りにした地方自治法を制定し、昭和22（1947）年、憲法と同時に施行した。これにより地方自治団体としての都道府県制、市町村制が誕生する。

　北海道庁は北海道となり、長官は知事と改称された。北海道庁に勤務していた者の多くは、地方自治体の職員となったが、北海道開発や国民年金などに関する事務に従事していた者は、当分の間、地方事務官である国の

官吏とされた。

　珍しいことに地方制度調査会の諮問事項として北海道の扱いが取り上げられた。道府県制では、広い北海道を内地の府県と同じ扱いとしたが、憲法に盛り込まれた地方自治の理念を踏まえ再検討するものだった。分割分県し内地の府県のように狭域の行政区域とするか、現状どおり広域の行政区域とするかが論点となった。

　当時の北海道の人口は約349万人、全国では東京都の418万人に次いで第2位、最小の鳥取県56万人の6倍を数えるが、県を置かずに拓地殖民事業を効率的に遂行するため広域の行政区域を布いていた。三県に分割したこともあったが成果を上げることができず、これがトラウマとして残っていたようだ。

　「自分たちの地域のことは自分たちで決める」という地方自治の理念を考えると、自治意識を育てる上から、地方自治体の規模は財政が許す限り小さい方が良い。しかし、開発行政を進めるためには効率性から考えて広域行政が良い。どちらを選択すべきか、北海道の将来にとって大きな岐路だったといえよう。

　議事録によると、大蔵省主計局次長は「3県なり4県に分けるとしても、財政的に自立できるかどうか、北海道の地方財政をどうするかが根本だ。北海道は一体としてはできるが、数県に分けたらできるかという点は、やはり経済力の実態あたりから考えるべきでないか。外地が取られて、今後開発すべきものは北海道だけということになれば、拓殖費を相当全面的に直す必要があり、この改訂と合わせて考えるべきでないか」と分割分県には否定的な見解を述べている。

　内務省地方局長は「北海道は道制で府県と同じに扱っている。しかし、北海道を県に分かつことは考えていない。北海道は人口の点からも現在の発展段階からも総合的な行政が行われることが必要で、現在の北海道の財政の規模、交通の模様、産業の分布の模様からして、これをもしある自治体区域に分けて自治行政を行っていこうとすると、到底完全な行政は行い得ない状態になっている。したがって、自治体の組織としては、北海道を一つの単位とすべきだ」と、これまた分割分県を否定している。

北海道の現地の意向に関して、内務省地方局長は「北海道の現地にいる者、あるいは北海道庁からは、数県に分かって行政をしたいという希望はない。ただ北海道の非常に広い地域を見ると、この発展を強く促進してゆくためには、内地の府県と同じくらいの大きさになった方が便宜ではないかという論は聞く。それでは北海道の現在の実勢を見て数府県に分割できるとして行政ができるだろうか、それの一つ一つが内地の府県並みになるだろうか、論じて見ると、北海道は分けるわけにはいかないという所に落ち着いてしまうのが例となっている。新聞などに北海道を内地の府県並みに分けるようなことが出ると、左様なことになったら動きがつかぬという激しい反対論が起こるのが実情だ」と述べている。

地方制度調査会の答申

　結局、こうした意見を反映し、答申では「北海道の特殊性に鑑み、総合行政の権限を有する中間機関を整備すること」となった。

　その経緯について、議事の概要では「北海道を数県に分割してその発達を促進すべきであるという意見が極めて熱心に主張された。当局の意見を聴取したところ現地には数県分割論はなく、拓殖行政の進展上は分割しない総合行政の方が望ましいという意見であった。しかし、北海道の地域の広大と行政の浸透徹底の必要とに鑑み、何らかの特別の制度が必要と考えられる。考究の結果、副立法の方法により、他府県以上に総合行政の権限を有する中間機関を整備すべしということに決した」と述べている。

　北海道は拓殖行政を進めるうえから府県並みとせずに特例の扱いとし、広さ故に中間機関を置くというものだ。しかし、総合行政の権限を有する中間機関とは、どのような組織なのか、具体的に示されず、副立法（条例）として地元の意思に委ねられた。

　他方、諮問の中に「支庁、地方事務所をどうするか」という項目があり、その答申は「支庁は現在通り存置し、地方事務所の存廃は府県において任意に決定する」とされた。支庁は、交通不便な離島などに設置され、地方事務所は県の総合出先機関という位置づけだ。

　北海道では開拓使の時代に、出張所として5つの支庁が置かれ、その後

2か所となり、明治15（1882）年3県時代を迎え廃止された。支庁が再び設置されるのは、明治30（1897）年からで郡区町村編制法に基づく郡役所を引き継ぐ形だった。当初は19支庁で、明治43（1910）年から14支庁となる。主たる業務は町村行政の指導監督で、市の行政が除かれており、総合行政の機関とはいえなかった。

　地方制度調査会が答申した「総合行政の権限を有する中間機関」とは、「支庁」なのか、「地方事務所」なのか、あるいは全く別の機関なのか明らかにされないまま、その判断は地元に委ねられた。しかし、条例の検討は、前例踏襲で「支庁」という視点で行われ、9支庁案が提起されたが、結局現状どおりの14支庁となった。

　支庁は、町村行政の指導監督が主たる業務だったため、地域の産業政策や雇用対策など振興政策とは無縁だった時代が長く続いた。このため、地域政策が不十分との声が強く、支庁の権限や財源の強化などを巡っての議論が絶えないが、支庁に県並みの役割を求めるからだ。しかし、支庁は、あくまでも支庁であり、県とは根本的に違うということを忘れてはならない。

15　北海道開発法の制定

総合開発事業の推進

　地方自治制度の誕生により、北海道庁が国の地方出先機関から地方団体となることにより、これまで中央政府の直轄事業として進められてきた拓地殖民事業を、今後どう進めていくかが残された課題となった。

　政府は、昭和22（1947）年「北海道拓殖費に関する昭和22年度予算編成上の措置」として「北海道拓殖の重点を土地、殊に国有未開地の開発におき、これに関しては中央の直轄行政を実施し、これ以外の行政は原則として地方団体たる北海道に委譲し、各省大臣の個別的監督に移す。直轄行政を処理させるため内閣に北海道開発庁を置く」ことを閣議決定した。しかし、この北海道開発庁の設置案は、GHQが「北海道開発の重要性は認める

が、北海道のみに他府県と異なる特別の機構を設けることは承認し難い」と拒否したため廃案となった。憲法第95条が地域の平等を謳っており、これに反すると考えたようだ。

　この結果、拓地殖民事業は、それぞれ主務官庁に移管され、現地機構としては従来どおり地方団体である北海道が当たることになった。

　ところが、昭和24（1949）年に至り、政府は戦災復興に向け国土総合開発のあり方を検討するため、総合国土開発審議会と北海道総合開発審議会を設置し、両審議会から国土の総合開発を効率的、効果的に進めるためには法的措置が必要との提案を受け、翌年まず、北海道を対象とする北海道開発法を制定し、やや遅れて全国を対象とする国土総合開発法を制定した。かつて、北海道開発庁の設置に反対したGHQは、この北海道開発法案には、地元の意見を反映することなどの修正を加えた上で同意した。GHQがなぜ態度を変えたのか、理由は定かではないが、米ソ対立の激化に伴う占領政策の変化が影響しているようだ。

　北海道開発法は、「国民経済の復興と人口問題の解決に寄与することを目的に、北海道の資源開発に関する総合開発計画を樹立し開発事業を実施する。関係地方自治体は、開発計画に意見を述べることができる。総理府の外局に国務大臣を長官とする北海道開発庁を設置する。北海道開発庁は、開発計画を調査立案し、これに基づく事業の実施に関する事務の調整、推進に当たる」というものだ。

　田中知事は、法律の目的として資源開発だけではなく、「住民の生活安定及び文化の向上に資する」とするよう求めたが、採用されることはなかった。

　法律事項からは外されたが、閣議決定により、開発事業予算は北海道開発庁が一括計上し、各省に移し替えること、事業の実施は各省が所掌し、現地では従来どおり北海道が当たること、北海道では、国費支弁職員である地方事務官、地方技官によって進めることとされた。

国会審議の概要

　ここで、国会の法案審議を通じて明らかになった重要な点を問答式によ

り整理しておこう。
　(1)法案の趣旨は何か。

　　　　敗戦により、わが国の当面する緊急かつ重要な課題は、国民経済の復興と人口問題の解決だ。そのためには資源の開発が必要で、未開発資源が今なお豊富に存在する北海道を急速に開発することが国家的要請となっている。

　　　　北海道の開発は、明治の初年以来、開拓使を置くなど非常に力を入れてきたが、日清戦争後は、海外発展に力を入れ、忘れられたような状況下に置かれてきた。面積は四国の2倍に九州を加えた大きさだが、人口わずかに400万人に過ぎず、産業も原始的段階の域を脱していない。半植民地というべき状態だ。

　　　　このような経済的後進地の開発は、総合的な計画の下に、経費を重点的に投資するのでなければ十分な効果を期待できない。しかし、現在北海道開発事業は、関係行政機関が個別に立案施行し、その間に総合性、統一性を欠き、北海道に投入される国の事業費の効率発揮上、はなはだ遺憾の点が多い。

　　　　これらの点に鑑み、国策として強力に北海道における資源の総合的な開発を行うことが緊急と考えたものだ。

　(2)未開発地域は、東北地方や四国地方にもあるのに、これを差し置いて北海道のみを取上げる理由は何か。

　　　　北海道の開発は明治初年以来、今日まで相当長い期間にわたって拓殖という観点から、多額の国費を投じてきたという歴史的沿革がある。しかし、区域が広く人口も未だ十分に入っていない。産業も非常に遅れており、内地の府県とは相当な開きがある。国民経済の復興と人口問題の解決という国家的要請に応えるためには、一段の開発が必要であり、46都道府県の一つとして開発したのでは時間もかかるし、国民全体の期待にも沿い得ないから、特にここは国策として重点的に力を入れようとするものだ。

　　　　内地の府県についても、資源開発を疎かにするものではなく、別途検討中の国土総合開発法の中で考えていく。

⑶国全体の総合開発計画を立て、それを前提として北海道の開発計画を立てるべきでないか。

　北海道を含む国全体の総合開発計画は現在検討中だが、北海道総合開発計画はその一環として、相互関連性を持ち、樹立されなければならない。しかし、一環ではあるけれども国家的要請に応えるために、北海道にはウエイトを置かなければならない。

⑷国土総合開発法と北海道総合開発法の違いは何か。

　国土総合開発法では、総合国土開発審議会という諮問機関をつくり、そこが計画をつくり政府に勧告するという仕組みを考えている。一方、この北海道開発法は計画を樹立し、これをそのまま各省庁に執行させるという仕組みだ。また、現に多額の国費が投下されているが、建設省、農林省、通産省など各省庁の縦割りとなっている。せっかく、北海道開発のために使用しているのであるから、相互の連関性、調和性を持って効率化をはかるものだ。

　当分の間、国土総合開発法と北海道総合開発法との二本立てだが、もとより両者間で調和を図っていく考えだ。

⑸憲法第95条に該当し、住民投票が必要でないか。

　憲法第95条の規定は、「一の地方自治体のみに適用される特別法」について適用される。しかし、北海道開発法は、北海道という一つの地域の資源開発を対象としたもので、地方自治体たる北海道を対象としたものではないことから、憲法第95条には抵触しない。

　北海道の拓地殖民事業は、明治維新後、明治天皇の勅書により、「土地墾開」、「人民繁殖」、「北門の鎖鑰」を目的に、国の直轄事業として開拓使、農商務省北海道事業管理局、北海道庁の手によって進められてきた。そして戦後は、北海道開発法により「国民経済の復興」、「人口問題の解決」を目的に、国の直轄事業として進められることになる。つまり、明治天皇の勅書が北海道開発法となり、拓地殖民事業が総合開発事業と名前が変わっただけで、北海道は依然として準内地という扱いだ。

　北海道総合開発計画は、昭和26（1951）年に第1期計画が策定され、以

降、概ね10年ごとに継続し策定されている。

　北海道開発庁は、平成10（1998）年「中央省庁等改革基本法」により国土交通省に統合され、同省内の北海道局となった。

　平成17（2005）年、国土総合開発法は人口減少時代を迎え、量的拡大を基調とした「開発」から質的向上をめざす「整備」へと転換をはかるため、国土形成計画法へと抜本改正をはかった。しかし、国土総合開発法の一翼を担った北海道開発法は、名称や目的を変えることなく、今なお存続している。

16　北海道開発局はなぜできたのか

国の直轄事業として推進

　政府は、北海道開発庁設置1年後の昭和26（1951）年北海道の開発を強力に進めることを目的に、北海道知事に委任していた開発事業の実施を内地の府県並みに直轄事業とし、札幌に北海道開発局を設置するという北海道開発法の改正案を国会に提出した。

　ここで、国会の法案審議を通じて明らかになった重要な点を問答式により整理しておこう。

(1)改正法案の趣旨は何か。

　　　未開発後進地域である北海道の資源開発は、国家の総力を挙げて解決すべき問題であり、国策として国が計画から事業執行まで一貫して進め、名実ともに国民に対して責任を負う体制を整えるものだ。

　　　現在、北海道開発の公共事業費は、8割が国の直轄事業、2割が北海道への補助事業だが、予算は一括開発庁で取りまとめて計上し、然る後に農林省、運輸省、建設省に移し替え執行している。執行に当たるのは、現地に配置している約3,200名の地方事務官、地方技官という国の官吏で、知事の指揮監督を受けるが、官吏の任命、俸給の支給は総理大臣の直接権限という変則的なものだ。こうした方法は、責任の所在に明瞭を欠くきらいがある。

このため、北海道開発に関する公共事業費のうち、国の直轄事業は、直接国が執行することとし、現地に北海道開発局を設ける。この執行機関は、北海道開発庁の出先機関とし、農林省、運輸省、建設省の各大臣は、それぞれの所掌事務について北海道開発局長を指揮監督する。これにより、地方事務官、地方技官は総理府の事務官、技官となり開発局に移行する。

　　公共事業のうち補助事業は、地方自治体の事業であり、これまでどおり知事が指揮監督する。

(2) 開発局の設置は、この４月の北海道知事選挙で、自民党が推薦した候補が当選できなかったための腹いせではないか。

　　開発局を作ろうという話は、昨年開発庁を設置したときからの話で、昨年暮れには、中央地方相呼応した北海道の飛躍的開発機構を作ろうという結論に達していた。この話は元来北海道庁から持ってきた問題でもある。

(3) 北海道の開発は明治初年以来、開発行政と一般行政を分離せずに総合行政という形で実施し、開拓とともに自治を発展させてきた。公選知事誕生後も、これを引き継いできたが、これを改めるのはどんな問題があってのことか。

　　北海道の開発事業は、開拓使から北海道庁と80年間、官治行政として国の機関が実施してきたが、公選知事誕生後から今日までの４年間は、公選知事に委任してきた。しかし、国の官吏である地方事務官を活用するといった変則的な方法のため、責任の所在に明瞭を欠くきらいがある。そこで80年来の慣行に返り、直接国の責任において執行しようというものだ。

　　地方自治を主たる職責としている知事に、資源開発事業という大きな仕事を負わせることは、自動車で物を運ぶべきところを自転車で運ばせるようなもので無理がある。地方自治事務の傍ら担うべき事業ではない。公選知事に、事業量の多い直轄事業を漫然と任せたことは、最大の欠陥であったと考えている。

　　内地の府県でも、国の直轄事業として、各省がブロック単位に置い

た農地事務局、港湾建設局、地方建設局が実施している。北海道も内地の府県並みに直轄事業とするもので、内地以上に地方自治を侵犯するものではない。

　内地の府県では、各省ごとに三つの機関が担当しているが、ばらばらな開発ではなく、調和ある総合開発を進めるために北海道では効率良く一つの機関で執行しようというものだ。

　国会の議決を得た国費予算は、国会の監視の下で執行しなければならないが、公選知事に委任すると、公選知事が政府委員として国会に出席するような仕組みがないため、監視が十分に届かない恐れがある。そこで、国が直接指揮監督できる出先機関を設置し執行しようとするものだ。

　参議院の連合委員会審査では、田中知事が参考人として出席し、地元自治体を活用し地方行政と開発行政を分離すべきではない、地方自治体の区域内の事務は、地方自治体の事務とするのが地方自治の精神であり、これに反するなどと反対の陳述を行った。

　しかし、こうした反対があったものの、改正案は昭和26（1951）年6月4日、国会を通過成立し、7月1日北海道開発局が札幌に開庁した。北海道に所属していた約4,000名の開発関係職員は、約8割が北海道開発局へ、約2割が北海道へと分割された。

第3部　地域が輝く北海道の3県制

1　北海道に県が置かれなかったのはなぜか

道制の成り立ちを振り返る

　これまで北海道の統治に大きな影響を及ぼした 16 の項目を通じて歴史を概観してきたが、ここからは、本題の「なぜ北海道に県がないのか」に迫っていきたい。

　筆者は、この鍵を握るのは府県制の特例として設計された道制にあると考えているが、これによってどんな不利益を被っているのか、脱却する手立てはあるのか、合わせて解明していきたい。

　道制とは、既に述べたように昭和 21（1946）年、知事公選制が導入される際に全国共通の制度とするために、それまで中央政府の直轄地域だった北海道を内地の府県並みに扱い、地方団体としての機能を持たせようとするものだ。内地の府県は府県制が適用され、狭域行政区域だったが、道制はこれまでの歴史を踏まえ広域行政区域とされ、府県制と一体化されたことから道府県制と呼ばれた。

　ここでまず、道制の成り立ちを中心に統治の歴史を改めて振り返りたい。

　わが国の府県は、江戸時代の藩や大宝・養老律令時代に制定された令制国をベースに明治維新後、府藩県三治の制→廃藩置県→府県会規則・地方税規則→府県制と続き、その後、都制、道制を加え、都道府県制へと引き継がれた。これに対し北海道は、府藩県三治の制→開拓使→三県一事業局→北海道庁→北海道会法・北海道地方費法と続き、戦後、道制、都道府県制へと引き継がれた。

　北海道は、先住民族のアイヌが暮らし、古くには国家の支配が及ばない化外の地と見られ、国家の支配を受けるようになったのは鎌倉幕府の頃からだ。江戸時代には松前藩が幕府の支配下となったが、漁業が中心で米が生産されていなかったため、石高制に替わってアイヌとの交易独占権が与えられた。石高に換算するとわずか 1 万石しかなく、領地も道南地方に限られ、広大な領土は山林原野に覆われ、アイヌが暮らす未開の大地だった。

　内地の諸藩では、村や町が生活共同体として存在し、村方三役が置かれ、

石高制の下で年貢や村経費を負担し自治意識が育っていたが、蝦夷地で村方三役が置かれたのは、松前藩領内に限られ、他は場所請負制の下でのアイヌの集落だった。

　幕末には、ヨーロッパで起きた産業革命により、欧米各国が植民地を獲得するためアジアへの進出を企てるようになる。蝦夷地と呼ばれていた北海道にもロシアの脅威が迫ってくると、幕府は弱小微力な松前藩に国境警備は任せられないと考え、直轄領とするものの兵を持たなかったため警備は奥羽諸藩に委ねた。その後、奥羽諸藩から警備するのであればいっそのこと領地にして欲しいとの要望を受け分領体制としたが、戊辰戦争により霧散霧消する。

　明治維新を迎え、新政府の喫緊の課題は、幕末から続くロシアの脅威から北海道をどう守るかだった。新政府は「土地墾開」「人民繁殖」「北門の鎖鑰」、つまり開拓と移住によって人口を増やし、日本の領土であることを示し、ロシアの進出を防ぐことを目標とした。令制国にも位置づけ、中央政府機関の開拓使を置き、幕末からの直轄地域化を踏襲する。

　中央集権体制を確立するため廃藩置県を行い、全国統一の制度をめざすが、草味茫漠、人口希少な北海道に内地と同じように県を置くことは適わず、廃藩置県の対象外とした。

　内地では、廃藩置県によって、30万石から40万石をもって一つの県が誕生したが、松前藩はわずか1万石、しかも当時の北海道全体の人口は約6万人で、最も人口の少ない佐渡県が10万人であったことを考えると、一つの県を維持できる状況にはなかった。このため松前藩は、暫定的に館県となったが、すぐに対岸の弘前県に併合され、開拓使が県の役割を担い、地方行政事務と拓地殖民事業を所管することになる。

　明治15（1882）年開拓使が廃止され、函館、札幌、根室の三県が置かれたが、人口は函館県13万人、札幌県9万人、根室県1万2,000人に過ぎなかった。県とはいっても名前だけで、内地の府県には府県会規則・地方税規則により、選挙で選ばれた議員で構成する府県会が置かれ、地方公費は府県の税収で賄う自治の仕組みが採られていたが、三県には、こうした仕組みはなかった。

三県とは別に拓地殖民事業を担う農商務省北海道事業管理局を置いたが、地方行政事務と拓地殖民事業とを分離したため、一体的な開拓を進める上で効率的ではないとされ、わずか4年で廃止となる。明治19（1886）年には、開拓使と同じ様に、地方行政事務と拓地殖民事業とを一元的に進めるため、国の地方出先機関として北海道庁を置いた。

　明治23（1890）年、内地の府県には府県制が施行される。府県は国の地方出先機関であると同時に地方団体と位置づけられ、明治32（1899）年には法人格を付与されたが、北海道は府県制の適用除外とされた。

　明治34（1901）年府県制に近づけるため北海道の地方公費は北海道の税収で賄うよう、北海道会法と北海道地方費法が制定されたが、20年も前の古い三新法の府県会規則、府県税規則を宛がわれたものだった。

　昭和20（1945）年敗戦によりGHQの占領下となり、翌年GHQの指示により知事公選制が導入されるが、その際、北海道には北海道会法と北海道地方費法を廃止し、府県制に準じ、道制を施行し道府県制とした。道制は府県制と同じように国の地方出先機関であると同時に、法人格を有する地方団体として位置づけられたが、府県制の特例として、首長は引き続き長官と称され、行政区域は府県が狭域であるのに対し、広域とされるものの一つの県として扱うというものだ。

　僅か2～3か月余りで改正作業を進めたこともあり、分割分県し、府県制に取り込むといった抜本的な改正ではなく、旧来の仕組みを踏襲したものに過ぎなかった。

　知事は公選とはいえ依然として官吏であったことから、GHQは、公吏とするよう抜本改革を求めた。政府は、有識者からなる地方制度調査会を設け、地方自治法の制定に向け検討を始めることになる。

　地方制度調査会では、北海道にも内地の府県並みに県を置くかどうかも議題とし検討したが、分割分県すると財政が維持できない、拓地殖民事業を進める上からは分割分県しないで総合行政が望ましい、地元から要望がないという理由から、従来どおり北海道には県を置かない広域の道制を布くことになる。

　こうした地方自治法制定の動きとは別に、引揚者の受入れや食料増産な

ど戦後復興を進める上から、未開発資源の総合開発が必要とされ、北海道がその適地として注目された。これにより国民経済の復興と人口問題の解決に寄与するため、昭和25（1950）年北海道開発法が制定され、拓地殖民事業は総合開発事業と名を変え、広域行政区域の下で、引き続き国の直轄事業として進められることになる。

　総合開発事業を進めるためには広域の道制が良いということだが、この理屈からすると、総合開発事業を廃止するときには道制を適用せずに分割分県が必要となるし、逆に分割分県しようとするときには、総合開発事業を廃止しなければならなくなる。

県が置かれなかった理由

　なぜ北海道に県がないのか、この直接的な答えは、道制が施行されているからということになるが、ではなぜ、北海道にだけ道制が施行されたのか、時代によって濃淡はあるものの、明治新政府が掲げた「土地墾開」「人民繁殖」「北門の鎖鑰」を目標に地域づくりを進めてきたからだ。表向きは、拓地殖民事業（戦後は「総合開発事業」と称される）を効率的に進めるためだが、もう一方では長年維持してきた制度を変えずに継続を図ったものといえよう。

　道制が施行されるに至った主な要因や背景、つまり県が置かれなかった理由を整理しておこう。

(1)ロシアの脅威を防ぐ。

　　明治維新後、新政府の最大の課題は、北海道をロシアの脅威から守ることだった。このため移住により人口を増やすという方針を立て、政府の直轄地域とし拓地殖民事業を進めるが、この事業を効率的に進めるため県を置かずに広域行政区域とした。

(2)廃藩置県を適用せず開拓使や北海道庁を置いた。

　　拓地殖民事業の推進機関として開拓使を設置した。開拓使は13年続き、廃止後は、地方行政事務を担当する函館県、札幌県、根室県の三県と拓地殖民事業を直轄で進める北海道事業管理局を置いたが、県とはいっても内地の府県とは異なるもので、直轄の拓地殖民事業も

遅々として進まず、僅か4年で廃止となり、拓地殖民事業を進める上で分割分県が失敗だったというトラウマを抱えることになる。三県一事業局の廃止後は再び広域行政区域とし北海道庁を置いた。開拓使は政府機関そのものだが、北海道庁は政府の出先機関という位置づけだ。

(3)府県制の適用を除外した。

　広域行政区域を選択したことにより分割分県体制は取らず、府県制の適用を除外とした。もっとも人口が希少で未開の地であり、住民の自治意識が十分に育っていなかったこともある。府県制は、市制や町村制、郡制を施行した地域が対象とされたが、このいずれもが施行されていなかった。

(4)制度の継続をはかった。

　昭和21（1946）年、全国共通の知事公選制を導入する際に北海道会法と北海道地方費法を廃止し、府県制に準じ道制を施行し、道府県制とした。時間的な余裕がなかったこともあって、現状維持という方針を取った。

(5)地元から強い要望がなかった。

　昭和22（1947）年、地方自治法を制定する際に、政府の諮問機関・地方制度調査会で北海道を分割分県すべきかどうか議題として取り上げられた。地方制度調査会の結論は、北海道をこれまでどおり広域行政区域として存置させようというもので、分割分県を取らなかった理由として、地元から強い要望がなかったことを上げている。

　制度は一度つくられると、それを変えようとする力よりも守ろうとする力が強く働くようで、政府も分割分県よりも現状維持という方針を取った。

これまでの分割分県運動

　北海道に内地の府県並みに県を置くべきだという議論は、戦前にもあった。また、地方自治法制定後も北海道議会やマスコミなどでも取り上げられた。しかし、公式の場で具体的な区域割りを伴って、議論されたのは2回しかない。区域割を示すとなると、県庁所在地などを巡って、総論賛成

各論反対となり、まとまりが付かなくなるのだろう。いずれも実現には至っていないが、その概要を紹介しておこう。

まず1回目は、明治39（1906）年北海道議会で「函館県設置に関する件」が建議され、満場一致で可決後、内務大臣に提出された。

趣旨は、旧函館県管轄に属する函館支庁、檜山支庁、寿都支庁と函館区を北海道庁より分割して函館県を設置して欲しいというものだ。

理由として「北海道は、維新の当初、開拓使の下に統轄し、開拓使廃止後は、函館、札幌、根室の三県を置き全道を三分して管轄したが、三県分治の制度は、拓殖が進歩していない当時としては適していなかった。このため、三県を廃して北海道庁を置き、拓地殖民の実績を挙げようと、万般の施策を進め、盛んに移民を招来した。その効果がようやく現れ、今や人口著しく増加し、民度も昔日の比ではない。殊に旧函館管内は、最も進歩が著しく、人口約38万人、一方里平均560人余に達し海陸物産の産額すこぶる増進し、外形においても、その内容においても優に一県を設置して維持し得る実力を備えている。もともと北海道庁は、拓殖行政統一のため設けられたもので、開拓が効果を挙げ、民度が発達した暁には、一般府県と同一の制度に置かれるべきと信じている。旧函館県管内のように民度が発達し拓殖の余地が少ない地方は、漸次分割独立させることは、その地方の福利を増進するばかりでなく、本道拓殖上からもすこぶる得策である。故に、先ず旧函館県管内に属する部分を北海道庁より分割して函館県を設置されんことを望む」というものだった。府県としての条件の整ったところは、県にして欲しいというもので、県への強い憧れが感じ取れる。

2回目は、昭和30年民主党北海道総合開発調査特別委員会が発表した「北海道における行政機構改革案」、いわゆる「広川構想」といわれるものだ。民主党は、この後自由党との保守合同により自由民主党となっている。

広川構想は、中央政府に北海道省を置き、現地北海道に北海道総局を置き、これにより北海道開発庁、北海道開発局は廃止する。また、地方自治体としての北海道は廃止し、新たに5県を設置するというものだ。

この案は、昭和2（1927）年田中義一内閣の下で構想された、いわゆる官治型道州制の北海道版といえるものだ。5つに分割分県する構想に対し

《広川構想による5分割分県案》

て、札幌への一極集中に異を唱える地域や県庁所在地になるであろう地域は賛成に回るが、札幌地域は反対するなど百家争鳴状態となり、結局、実現には至らなかった。

その後、昭和58（1983）年釧路新聞社が中心となって「北海道分県推進協議会」が設立され、昭和61（1986）年には旭川市で「北海道分県道北推進協議会」、昭和63（1988）年には道南地域で「南北海道分県を進める会」が設立され、分県運動が盛り上がりを見せたが、平成の時代に入り、下火となっていく。

分割分県を本気になって進めるとなると、まず、区域割をどうするかという壁があり、手続き面では、憲法第95条の住民投票の壁を乗り越えなければならず、大きなエネルギーを必要とする政治課題となる。

県がないことによって生じる地域格差

昭和22（1947）年の地方自治法施行以後、わが国の地方統治制度は、都道府県を単位とし、面積や人口に関係なく、全て同格として扱っている。北海道も面積の広さは考慮されることなく、一つの県という位置づけだ。しかし、元々道制は府県制の特例とされたもので面積が極端に違う道と府県を同じに扱うことは、基礎的条件が違うことから無理があり、様々な地域格差を生む要因となっている。具体的にどのような地域格差が生じてい

るのか、下表を基に述べてみたい。

　北海道は、面積では全国土のおよそ22％を占め、東北6県に新潟県を合わせた面積や九州7県に四国4県を加えた面積よりも広い。一方、人口は3～4県を合わせた規模となっている。

　このように、基礎的な条件が違うため、北海道と県とを単純に比較することができない。そこで、面積は別として、人口が近似している3～4県を一つのブロックと見立てて各種指標を比較する手法をとってみた。

　道は一つのブロック、つまり3～4県に匹敵するものと考え、北海道の数値が、各ブロックより少ない、あるいは低い場合には、3～4県の規模があるのに、一つの県という位置づけのために格差が生じていることになる。

　比較するブロックは、南東北3県（青森、岩手、宮城）、北陸4県（新潟、富山、石川、福井）、甲信岐阜3県（山梨、長野、岐阜）で、このほか参考までに四国4県（徳島、香川、愛媛、高知）も取り上げた。

《北海道と近似県との各種指標の比較》

項　目	北海道	南東北ブロック3県 青森、岩手、宮城	北陸ブロック4県 新潟、富山、石川、福井	甲信ブロック3県 山梨、長野、岐阜	参考四国ブロック4県 徳島、香川、愛媛、高知
1　人口（千人）	5,431	4,958	5,360	5,020	3,905
2　面積（平方キロ）	83,457	32,210	25,208	28,648	18,808
3　市町村の数	179	108	81	146	95
4　人口25万人以上の都市	3	3	5	2	4
5　衆議院小選挙区選出議員の数	12	12	14	12	11
6　参議院選挙区選出議員の数	4	8	10	10	6
7　県内総生産（億円）	182,631	162,172	206,020	182,173	138,593

項目	北海道	東北ブロック3県 青森、岩手、宮城	北陸ブロック4県 新潟、富山、石川、福井	甲信ブロック3県 山梨、長野、岐阜	参考 四国ブロック4県 徳島、香川、愛媛、高知
8　1人当たり県民所得（千円）	2,475	2,398	2,788	2,708	2,068
9　1人当たり国・地方税負担額（千円）	306.9	310.1	317.2	288.2	333.4
10　1人当たり行政投資額（千円）	255.7	337.8	275.1	191.7	196.4
11　地方交付税（千円）	7,014	9,445	6,912	5,360	6,145
12　農業生産額（億円）	10,536	7,045	4,503	4,235	4,057
13　製造品出荷額（億円）	62,106	71,857	121,604	122,240	92,411
14　公共工事請負額（億円）	11,017	15,991	10,058	7,226	5,114
15　銀行の貸出残高（億円）	95,005	102,745	117,213	80,873	110,313
16　有業率	54.7	56.9	59.3	59.9	55.5
17　国立総合・複合大学	1	3	4	3	4
18　大学医学部の数	3	3	4	3	4
19　人口10万人当たりの医師数	224.6	201.6	218.0	205.7	266.1
21　人口千人当たり生活保護率	31.4	14.4	6.4	5.8	17.8
22　大学進学率	41.2	45.1	50.5	52.6	49.8
23　高校野球夏の甲子園出場校	2	3	4	3	4

注）各項目の数字は、公益財団法人矢野恒太記念会発行の「データでみる県勢2015版」によった。
衆議院議員選出の数は平成29（2017）年、参議院議員選出の数は平成27（2015）年の法改正後の数字を記入した。
大学関係は文部科学省の資料を参考にした。

まず、「人口25万人以上の都市」を見てみよう。
　この表に掲げた県庁所在地は、山梨市以外は全て人口25万人以上の都市だ。県庁所在地には、人やモノ、カネ、情報が集まるといわれるが、北海道の人口の約7割に過ぎない四国ブロックですら、4県ともに25万人以上の都市を擁している。新潟県では、県庁所在地以外の長岡市も25万以上となっている。これに対し北海道は、札幌、旭川、函館の3市のみで、四国の県庁所在地が全て25万人以上の都市であることを考えると、県がないこともさることながら、札幌への過度な一極集中が影響している。
　意外なのは「一人当たり行政投資額」が低いことだ。北海道開発予算が投資されていることから、優位性があると思いがちだが、東日本大震災後の復興予算が投下されている南東北ブロックよりも低いのは理解できるとしても、北陸ブロックよりも低いことは、必ずしも優位性があるとはいえないようだ。道と一つの県との比較であれば、優位性があるように見えるが、3～4県を合わせたブロックとの比較では優位性は見られない。
　次に、地方の自主財源とされる「地方交付税」は、標準的な財政需要額を算定し配分されるため、単純な比較はできないが、ただ面積の大小が全く考慮されていないのが問題だ。北海道は、北陸ブロックの3倍の面積を有しているのに「地方交付税」はほぼ同額で、広域行政区域に伴うリスク費用が考慮されていない結果となっている。
　次に、経済指標である「製造品出荷額」「有業率」「有効求人倍率」を見ると、北海道は全ての指標が各ブロックを下回っている。「一人当たり国・地方税負担額」は、甲信岐阜ブロックを上回っているものの南東北、北陸、四国ブロックよりも低い。北海道は一次産業が中心で、製造業が少なく、大企業も少なく税収も少ないという実態が読み取れる。逆に「人口千人当たり生活保護率」が際立って高い。
　次に、「国立総合・複合大学の数」「大学医学部の数」を見てみよう。
　昭和47（1972）年新潟出身の田中角栄通産大臣が、折からの高度経済成長を背景に、大都市と地方の格差解消、国土の均衡ある発展をめざす「日本列島改造論」を発表し、日本中を熱狂させた。これをきっかけに国が地方を舞台に産業立地など地域の産業政策を進める場合に「一県一地域指定

政策」という手法を取るようになる。テクノポリス構想、地方拠点都市構想、リゾート構想、ふるさと市町村圏構想などが思い浮かぶが、一県につき一か所という枠がはめられたことにより、一つの県扱いの北海道には、不公平となり格差を生む要因となる。

「国立総合・複合大学」も一県一か所として進められたため各ブロックより少なく、これが「大学進学率」にも影響していると思われる。

昭和48（1973）年には田中角栄総理大臣が無医大県を解消しようと「一県一医大構想」を打ち出した。北海道には、北大医学部、札幌医大があり対象外だったが、医師不足を解消するため、旭川、函館、釧路から設置の要望が出された。北海道は広いので例外を認めて欲しいと要請しても、一つの県であるとの理由から拒まれた。しかし最後は、田中総理大臣の判断で、旭川医大の設置が認められた。

「参議院選挙区選出議員の数」は、県を基礎とする「一人別枠方式」で配分されており、北海道は、各ブロックより少なく不公平な扱いとなっている。平成27（2015）年、一票の格差是正のため「合区方式」が導入されたが、「一人別枠方式」は存在しており、県を単位に配分するという考え方は、これからも続くだろう。

最も分かりやすい指標は「高校野球夏の甲子園出場校」だ。都道府県1校を原則としているが、参加校の多い東京都、北海道は例外として2校となっている。四国の4校に対し北海道2校というのは、やり切れない思いだ。この表では取り上げていないが、高校生を対象にしたスポーツや文化活動での全国大会の出場枠は、都道府県単位となっており、北海道には不利な扱いだ。高校生にとって全国大会の出場は、得難い経験であり、出場機会を増やしたいものだ。

国土の均衡ある発展、地域間格差の解消という政策目標は、平成初頭のバブル経済の崩壊とともに姿を消し、その後は、グローバリズムやアメリカ型自由主義の影響の下で、競争や効率性が求められるようになるが、地域格差は放置されたままとなっている。

国が主導する地域政策は、「一県一施設」といったハコモノ作りは影を潜めたが、地方創生施策による国家戦略特区や中央省庁の地方移転など依然

として都道府県が単位となっており、都道府県制度がある限り、この流れは変わらないだろう。

ところで、地域の政治経済の中心地である県庁所在地には、なぜ人やモノ、カネ、情報が集まるのだろうか。

まず、人についていえば、大勢の県庁職員が住むようになる。国の地方出先機関も設置され、東京に本部のある農林漁業や商工業、医師会、教育団体など産業別・職能別団体の支部も置かれ、これらの職員たちも住むようになる。国立総合大学が置かれ、教員や学生が住むようになる。人が集まることによって、様々なサービス産業が誕生し発展する。官庁が行う入札に参加する業者も集まってくる。

県庁や国の地方出先機関、各種団体などの情報を求めて新聞社やテレビ局も設置され、情報の集積も進む。こうした集積がさらなる集積をもたらすことになる。

お金についていえば、県庁の指定金融機関の存在が大きい。指定金融機関は県庁のお金の出し入れを一手に扱う金庫番だ。国から交付される地方交付税や各種の補助金、貸付金を収納し、そこから市町村や各種団体に支出される。県税の収納も行う。これとは別に、国の地方出先機関や国立大学が扱うお金も県庁所在地の金融機関を経由して流通することになる。

それにしても、北海道の県庁所在都市札幌市への一極集中は異常だ。北海道ナンバー２の旭川市との人口差が150万人という地域は他の府県には見られない。広域行政区域であるのに、県が一つしかないという道制特有の現象だ。これが札幌を中心とする道央圏と道北、道東との間の道内格差を生む要因ともなっている。新幹線の開業によって格差がますます拡大するのではないだろうか。

2　分割分県の効果

北海道のあるべき統治の姿を考える

ここまで北海道に県がない理由やそれによって生じている地域格差につ

いて明らかにしてきた。第1部で述べたように北海道は内地の府県とは異なる制度下に置かれていたこと、そしてそれを筆者は準内地と捉えているが、県がないことに加え、国土形成計画法の適用除外という二つの要因によって、今も準内地という状況下にある。

明治維新後、蝦夷地が北海道と改称され、令制国が置かれてから150年経つのに、今なお内地の府県と異なる準内地であることに驚きを禁じえない。では準内地から脱却するためには、どんな方法があるのだろうか。

ここで、二つの軸を用いて述べてみたい。第一の軸は「準内地—内地」、第二の軸は「中央集権—地方分権」である。

軸を上下で見た場合に、上にあるのは準内地としての北海道の姿で、下は内地の府県である。また、軸を左右に見た場合に、左は中央集権、右は地方分権の姿である。

北海道が準内地から脱却し内地の府県と肩を並べるためには、府県制の特例である広域の道制を廃止し分割分県が必要となる。同時に北海道開発法（総合開発事業）を廃止し、国土形成計画法の適用へと移行することだ。北海道開発法は、効率さを求めて広域の道制を前提として成立している。分割分県が実現すると、その前提が崩れ存在価値を失うことになる。両者は表裏一体のものだ。北海道開発法を廃止したくなければ分割分県は諦め

《準内地に関する二つの軸》

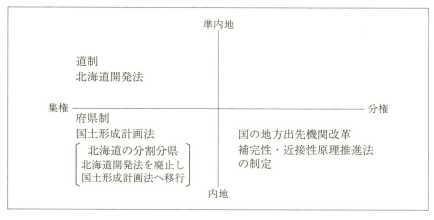

なければならない。

　以上は、内地の府県と肩を並べるための改革であり、その上で更なる地方分権を進めるためには、第1部で述べた国の地方出先機関の改革と補完性・近接性原理推進法の制定を求めていかなければならない。これらは、明治維新以来の大事業であり、道民の合意の下、国民の理解を得ながらしっかりとした工程表をつくり、一つずつ時間をかけて実現していきたい。

　まず、分割分県を実現し、2〜3年後制度が定着したのを確認してから、国土形成計画法に移行し、これらの制度が定着したのを見てから、国の地方出先機関の改革と補完性・近接性原理推進法の制定に取り組むことになる。

　現行の仕組みは長い時間をかけて作られたものであり、これを元に戻すには、それなりの時間が必要だ。

　以下、分割分県と国土形成計画法への移行について、ポイントを述べてみよう。

分割分県のパターン

　わが国の地方自治は、江戸時代の村を起源としており、「自分たちの地域のことは自分たちで決める」という自治の精神が受け継がれている。議会に代わって民意を直接反映する町村総会が地方自治法で容認されているのもこの名残であろう。つまり地方自治体の規模は、財政が許す限りできるだけ小さい方が良いという考え方が基底にあるようだ。規模が大きすぎると、自己決定機能が作用しずらくなるのだろう。

　平成11（1999）年から始まった市町村の「平成の大合併」は、市町村を広域化し、行財政基盤を強化する目的で「小を大に」するものだったが、その評価は芳しいものではない。旗を振った政府自身による評価も「市町村の規模が拡大したことで行財政基盤の強化がはかられたが、一方では役場が遠くなり住民の声が届きにくくなった」と自治意識の低下を懸念している。面積が広くなったことにより行政サービスも低下し、地域の民主主義が希薄化した。中心部だけが良くなり周辺部は寂れたなどの指摘もある。分割分県は、大を小にするもので、大の権限を小に分配することにな

り抵抗感は少ない。

　分割分県構想の実現に向けては、区割り案をどうするか、憲法第95条に基づく地方特別法の発議は誰が行うか、住民投票をクリアできるかなどハードルは高いが、準内地からの脱却を道民の共通目標として取り組めば実現は可能だ。法律や制度は、役人が決めるものではなく、主権者が決めるもの。地域の自立を妨げるような仕組みは改正するのが当然だ。

　ここで、区割り案について、筆者の考え方を述べておこう。

　北海道の区割として、まず思い浮かぶのは明治の初めに採られていた3県体制だ。このほか、昭和30年に提案された5分県構想もある。区割りは定かでないが広く流布されている道央、道南、道北、道東という4区分もある。

　区割りのポイントは、財政的に維持できるかどうかだが、それを立証するのは難しく、人口から推し量るしかないだろう。一応の目安として、これまで考えられてきた3〜5という区割りが現実的と思われる。

《振興局別の人口一覧》　単位千人

石狩	2,370	空知	304
渡島	406	上川	505
檜山	38	留萌	48
後志	216	宗谷	66
胆振	400	オホーツク	289
日高	69	十勝	344
		釧路	237
		根室	77

（平成29年住民基本台帳人口数）

　この場合の条件として、①振興局を単位とする　②近隣振興局との合併も可能とするが飛び地にしない　③県庁所在地は人口の最も多い都市とする　④ネット時代とはいえ、対面サービスもあることから県庁所在都市と市町村との距離がこれまで以上に近い　⑤内地の府県で人口の最も少ない県は約60万人規模、下位の4県では70万人台となっている。このため、

当初から人口80万人〜90万人の規模とする　⑥札幌への一極集中を緩和できるようにする。

　以上のように人口から考えた場合、3県が妥当な選択肢といえるだろう。

　3県の区割り案は次のとおりとなる。

《3県の区割り案》

道央県：石狩、渡島、檜山、後志、胆振、日高
　　　　人口 3,499千人、64市町村、県庁所在地　札幌市
　　　　類似人口県　静岡県　3,674千人、市町村の数35
道北県：空知、上川、留萌、宗谷
　　　　人口 923千人、65市町村、県庁所在地　旭川市
　　　　類似人口県　和歌山県　948千人、市町村の数30
道東県：オホーツク、十勝、釧路、根室
　　　　人口 947千人、50市町村、県庁所在地　釧路市
　　　　類似人口県　和歌山県　948千人、市町村の数30

分割分県による効果

　道制は府県制の特例だが、特例といっても行政区域が広いというだけで、特別優遇されているものはない。広域の道制を狭域の三つの県に分割分県することによって、現に生じている内地の府県との地域格差、札幌とその

他の地域との地域格差を解消するためにどのような効果が期待できるのか、筆者の見解を述べておこう。

長年親しんできた「北海道」という表現が使えなくなると心配する向きもあるが、「北海道」が無くなるわけではなく、県名とともに一体的に活用すべきだろう。

(1)知事が3人誕生し、北海道全体としての政治的発言力が増すこと

　　国の地方統治は府県が基本単位で、知事は地域の統轄代表者と位置づけられ、国が主導する地域政策は府県がベースになっている。国との交渉ごとでは知事の発言が重視されており、知事が1人より3人いた方がオール北海道としての発言力が増すことになる。

　　かつて新幹線の着工順位を協議する知事ヒアリングの場で、北海道1人に対し九州勢が7人と、数の威力を思い知らされたことがある。

　　いま北海道は、JR北海道の鉄道廃止問題で戦後最大の危機を迎えている。現行路線の経常損失が毎年約180億円となるほか、大規模修繕も必要となるため、JR北海道が単独で維持することが困難な路線が約5割に上るという。そもそも分割民営化にあたって国の経営見通しの甘さも問題だが、過疎化が拍車をかけている。「鉄道を廃止して栄えたマチはない」といわれる。鉄路を守るために国の支援はもとより道や市町村の支援も必要だろう。こうした難局を乗り切るためにも知事が3人となり、知恵を出し合い連携協力することが必要だ。

(2)知事と市町村長、住民の距離が縮まり地域課題の把握が容易になること

　　知事（県庁）の仕事は、市町村長や住民らとの対話を通じて地域の課題を的確に把握し、それを解決するための政策を立案し実行することにある。

　　行政区域が広い道制の下では、知事が179の市町村を一通り訪問するだけでも4年はかかるといわれ、市町村長が知事を訪問するのも容易ではないとされる。狭域の府県では、市町村長や住民との距離が近くなり対話機会が増え、課題解決に向けてスピーディーな対応が可能となる。

⑶ 道北県、道東県も独自に財源を持ち、きめ細かな地域政策を展開できること

　道制の下での政策の重心は、人口の多い道庁所在地の道央圏に偏りやすいが、分割分県により道北県、道東県も独自に財源と権限を持ち、地域の課題に対応した投資やキメ細かな政策を進めることが可能となる。

　道北県、道東県の予算規模は、人口が同規模の和歌山県を例にすると約5,800億円、道から人件費や義務的経費、公共事業に係る負債償還費を引き継ぐことになるが、それでも4割程度は独自事業に振り向けることができる見込みだ。振興局単位で僅かな額をばら撒いている今の仕組みより、はるかに充実することになる。ちなみに静岡県と肩を並べる道央県の予算規模は、約1兆1,000億円となる。

⑷ 道北県、道東県も独自に産業、雇用、医療福祉、教育などの振興ビジョンを策定できること

　道制の下では、道北や道東を一体的に捉えた振興ビジョンが策定されていない。県の20年後、30年後の姿を展望し、市町村をはじめ経済産業局など国の出先機関、大学など地域の協働作業により取り組んでいく。

⑸ 三つの県の間に競争心が生まれ、職員の政策形成力が高まり、県内の活性化につながること

　いまの道財政は、過去の放漫経営などにより負債が嵩み、緊縮財政に陥り、思い切った政策投資ができず、北海道全体に悪影響を及ぼしている。いわば「徹底した守りの道政」となっている。

　3県の下では、それぞれが独自に財政運営を行い、一つの県の財政運営が他県に波及することはない。三つの県の間で、財政比較が容易となり、競争心が働き、監視機能も強まり、財政悪化の防止に役立つ。

⑹ 道東県に医学部を設置できること

　道東県は全国で唯一の無医大県となる。北方領土交流の窓口であることも視野に入れ、医療を充実するために国公立大学の医学部を設置する。

(7) 道北県に大学を設置できること
　「地域が繁栄する陰には必ずそこに優れた大学がある」といわれるように、人材養成を疎かにすると、地域の衰退を招くことになる。大学の少ない道北県には、製造業の未来を開くために公立の情報・工学系大学を設置する。
　人口減少により道立高校の廃校が憂慮されている地域もある。高校の設置基準を緩和し市町村立での設置を支援する。

(8) 札幌一極集中を改善できること
　北海道に占める札幌市の人口割合は約35％。つまり3人に1人が札幌市民ということになる。これを札幌への通勤が可能な江別市や千歳市など近隣の市まで含めると約43％で、毎年増加し続けている。こうした状況は異常としか言いようがない。
　分割分県により、札幌県から道北県、道東県へとヒト、モノ、カネ、情報が移転し、過度な札幌一極集中を解消できることは間違いない。道職員が道北や道東へ転勤する際は家族を札幌に残しての単身赴任が多いとされるが、分割分県により一家転住が進むだろう。

(9) 夏の甲子園への出場枠が増えること
　夏の甲子園大会のように高校生を対象としたスポーツや文化活動の全国大会への出場枠は県単位であることから、三つの県ができることにより出場枠が増え、こうした経験を積ませることによって人材育成に寄与できる。

(10) 三県誕生により愛郷心がより強くなる
　分割分県は押し付けではなく、選挙を通じて住民自らの意思で決めることになるが、これにより県への愛着心や自立心が育つことになる。

分割分県への道筋

　これまで分割分県のチャンスは、先に述べたように二度あった。昭和21 (1946) 年の道制施行の際と、昭和22 (1947) 年の地方自治法施行の際だ。いずれも地元から要望が無いということで実現しなかったが、この当時は、明治憲法下であったこともあり、地元の要望とは、誰が誰に対してどのよ

うに行うのか明らかでなかった。しかし、現憲法の下では、地元の意思、つまり主権者の意思が基本になり、それが政治の場に反映され、実現することになる。

　ここで分割分県への道筋を整理しておこう。

　分割分県は、北海道を道央県、道北県、道東県に分割することから、都道府県の名称変更に該当し、地方自治法第2条と憲法第95条に基づく地方特別法を制定し、その上で住民投票を行い、賛成多数になれば実現する運びとなる。このため、主権者である道民の理解を得ると同時に立法に携わる政治家の理解を得る必要がある。

　そこでまず、地元の意思を形成していくために、分割分県に賛同する有志がそれぞれの地域で勉強会・研究会を立ち上げ、その輪を広げていくことだ。同時に市町村長や市町村議会議員、知事、北海道議会議員、国会議員に働きかけ理解を得ることだ。

　政治家の理解を得るためのポイントは知事になる。大阪都構想に見られるように知事の政治力の影響は大きい。知事が賛成してくれれば好都合だが、現職の知事に自分の権限縮小に繋がることを求めるのは気の毒な面もあるので、知事選挙を活用するのが良いだろう。つまり知事選挙の際に分割分県構想に賛同する候補者を推薦し、選挙で公約してもらうことだ。道民の支持を得、当選した暁には、準備作業を進めることになる。

　準備作業としては、まず三県の区割りを確定することだ。県庁所在地を巡っての綱引きや人口の多い道央県に所属したいという思いなどから紆余曲折が想定されるが、「輝く北海道をつくる」という大義名分を忘れてはならない。

　このほか、道が所有する財産や負債を三県にどう分割するか、県の組織や職員定数をどうするか、現在の道職員を三県にどう配分するか、出先機関をどこに設置するか、三県の設立当初の予算規模をどうするか、県議会の定数をどうするかなどが検討テーマとなる。また、分割分県後の一定期間は、道北県、道東県の基盤整備が必要となるので、この財政支援策を検討しておく必要がある。地方特別法の中では、住民の意思を三県ごとに判断するのか、北海道全体として判断するのか、こうした検討も必要だろう。

これらの準備作業は、知事の下で有識者の参加による検討委員会を立ち上げて進める方法も考えられるし、道議会の議長の下で、議員による検討委員会を立ち上げて進める方法もある。いずれによるかは知事の判断だ。
　検討結果が出た時点で、北海道議会で賛成の決議をしてもらい、道民の総意として総務大臣に対し地方特別法の制定を要請し、法律の制定後、住民投票を行い、賛成多数となれば分割分県が実施されることになる。

北海道開発法から国土形成計画法への移行
　準内地から脱却するために、超えなければならないハードルがもう一つある。それは北海道開発法（総合開発事業）から国土形成計画法への移行だ。
　ただし、北海道開発法の廃止と北海道開発局の廃止とが直接結びつくものでないことに注意が必要だ。北海道開発局の廃止問題は、次の「さらなる地方分権に向かって」の項の中で述べたい。
　北海道は、明治維新以来終戦までの80年間、国の直轄地域として歩んできた。戦後地方自治制度ができてからも国の主導が続いており、国からの指示待ちに慣れ、自治意識が育ちにくい官依存体質といわれる所以だ。
　北海道開発法は昭和25（1950）年、未開発後進地域である北海道の資源開発によって引揚者の受入れなど人口の増加や食糧増産に対応することを目的に制定された。全国を対象とする国土総合開発法の一翼を担うものだった。
　北海道の行政計画では最上位となる総合開発計画を10年ごとに策定し、これに基づき開発事業を実施するが、道路や河川、港湾、農業基盤整備などハード事業に偏り、教育や文化、医療、福祉などの分野が含まれず、これらの施策の遅れに繋がった。このため、道は昭和52（1977）年から全ての分野を盛り込んだ長期総合計画を策定するようになるが、一つの広域行政区域に同じような行政計画が並立し、二重行政との謗りを受けることになる。
　戦後70年わが国は、復興を遂げ、グローバル経済の下でGDP世界第3位の経済大国となった。一方、増加し続けた人口は、平成20（2008）年を

ピークに減少の時代を迎えることになる。開発の時代は終わり、成熟社会に入ったと見るべきだろう。

　こうした時代背景を踏まえ、北海道総合開発法の親ともいうべき国土総合開発法は、平成17（2005）年国土形成計画法へと抜本改正され、「開発」から「整備」へと大きな転換をはかることになった。地方分権の趣旨に則り、国が開発事業を企画し主導するのではなく、国と地域とが協働して地域づくりを進めようというものだ。

　この法律に基づき、平成20（2008）年には全国形成計画が策定され、平成28（2016）年には地域の自立的発展をめざし、東北、首都、北陸、中部、近畿、中国、四国、九州の8ブロック毎に広域地方計画が策定された。

　広域地方計画は、特別法の下で特例措置が講じられている北海道と沖縄県は適用除外とされた。このため、北海道開発法は、改正されることなく「開発」を引きずったままになっているが、分割分県し特例措置を返上すれば内地の府県並みに国土形成計画法の適用を受けることになる。

　筆者が、準内地から脱却するために、北海道開発法を廃止し、国土形成計画法への移行を訴える理由は次のとおりだ。

(1) 全国総合開発法は、人口減少時代を迎え、開発主義から脱却するため国土形成計画法へと改正されたが、その一翼を担ってきた北海道開発法は、名称や目的を変えることなく存続している。このため、国土形成計画法との間で整合性を欠いており、内地の府県との均衡を失することになる。

(2) 北海道開発法の意義は、終戦時に急増する人口や食糧増産に対処するため、北海道の未開発な資源を開発しようとするものだが、GDP世界第3位の経済大国という実績や人口が減少時代に向かっていることを考えると、法の意義は失われていると見るべきだ。

　　終戦時約350万人だった北海道の人口は、今や540万人を数え、農業生産額1兆円、道内総生産も18兆円と、これまで進めてきた総合開発事業は成果を上げており、北海道を未開発地域と見るべきではない。

(3) 広域地方計画は、県や市町村、経済団体、国の地方出先機関が協議会を設立し、そこで英知を集め、地域の自主性に基づき策定される。こ

れにより、道路や河川、港湾、農業基盤整備などのハード事業に限定されることなく、JR北海道への経営支援を始め、新幹線の延伸、高速道路の整備、教育や文化、医療、福祉など地域固有の課題にも積極的に取り組むことが可能となるが、北海道総合開発計画は、国の主導により、総合開発事業に限定し策定されるもので、こうした仕組みが欠けている。

(4) 北海道開発法が廃止されると予算の一括計上権、直轄事業の範囲拡大、直轄事業負担金のかさ上げといった北海道特例を失うことになるが、国土形成計画法の下で、公共事業は内地の府県並みに実施されることから廃止の影響は小さい。

国土形成計画法は「地域の均衡ある発展」をめざしており、これに移行することによって、むしろ地域が必要とする事業を着実に進めることが可能となる。

(5) 北海道開発法に基づく総合開発事業は、北海道を一つの行政区域として広域的に実施するところにメリットがあるとされ、内地の府県とは異なる広域の道制を前提に進められてきたが、分割分県が実施されると、この前提が崩れ根拠を失うことになる。

さらなる地方分権に向かって

地方分権を進めるためには、国の地方出先機関改革が必要不可欠だ。民主党政権の時代にあと一歩のところで実現できなかったが、いずれ陽の目を見ることになるだろう。

これに備えて二段階での対応を考えておきたい。一段階目は北海道開発局への対応だ。内地の府県では、ブロックごとに地方整備局、地方農政局が置かれているが、これに代わるものが北海道開発局だ。北海道開発法が廃止され、国土形成計画法に移行すると北海道開発局の組織が見直され、内地の府県並みに地方整備局になることが予想される。あるいは、北海道開発局の名称のまま、機能だけが見直されることもあり得るだろう。

こうした中で、地方整備局の地方移管が打ち出された場合には、関西広域連合や（仮称）九州広域行政機構を参考に北海道広域行政機構を設立し、

そこに事務、権限、人員、組織、財源を丸ごと受け入れる。そして二段階目として、残りの経済産業局などの地方移管が打ち出された場合には、これらも丸ごと受け入れるというものだ。県の区域を越えた防災対策、ドクターヘリの運行を含む地域医療対策、観光対策、農産物の輸出対策、北海道新幹線の延伸問題など、広域行政の受け皿としての活用も可能となる。

せっかく分割分県したのに特定の事務事業とはいえ、広域の行政機構をつくることに違和感がないわけではないが、地方分権の延長線上にあるものとして割り切るべきだろう。

最後の仕事は、補完性・近接性原理推進法の制定に向けた取り組みだ。

第1部で述べたように、わが国では、官治・中央集権体制の時代が長く、まず始めに国があり、国の指揮監督の下に都道府県、市町村、住民があるという考え方を当然のように受け止めてきた。しかし、補完性・近接性の原理では、これが逆になっており、まず住民がいて、住民自らができないことを市町村が引き受け、市町村ができないことを都道府県、都道府県ができないことを国が行うという考え方だ。

補完性・近接性原理推進法は、地方自治体がイニシアチブをとって、補完性・近接性の原理を進める上で妨げとなっている法律や政令、省令の規定を条例の規定に置き換えるというものだ。

活用例を上げると、例えばアメリカでは、マイカーをタクシー代わりに使うライドシェア（相乗り）が行われているが、わが国でも導入しようとする動きが見られる。公共交通機関に恵まれない北海道の過疎地でも、高齢者の通院や買い物支援、高校生の通学を支援するために実現したいものだ。

補完性・近接性原理推進法の制定に向けては、具体的にどんな提案が出来るのか、知事はもとより県や市町村の職員が足繁く現場を訪ね、住民との対話の中から現場の活動を妨げるような法律を洗い出すことから始めよう。法律は守るべきものだが、現場のニーズに合わない法律は主権者が声を上げ変えていかなくてはならない。補完性・近接性原理推進法を誕生させることは大仕事だが、地方6団体や国会議員の協力を得て、不可能を可能としたいものだ。

おわりに

　「なぜ北海道に県がないのか」という疑問を解き明かすために北海道の統治の歴史を訪ねてきたが、府県制の源流が大宝元年（701）の律令制にあること、北海道は内地の府県とは異なる準内地であることを学んだ。そして、今なお県がないことや北海道開発法に縛られているが、これも準内地だからだ。

　都道府県という四文字熟語に慣れ親しみ疑問を挟んでこなかったが、実は、都制、道制、府県制という異なる内容のものを単純に一つに合体したもので、その結果、道制が不利益を被っていることも分かった。北海道に国立複合大学や医学部が少ないのもその一つだ。公共工事では何がしかの優遇を受けてきたが、不利益を解消する力には成り得なかった。札幌一極集中もこの影響を受けている。

　道制は北海道の統治にとっての基本であるが、残念なことに道民の理解度や関心度は高いとは言えない。道制とは何のためにでき上がったものなのか、なぜ内地の府県と異なる仕組みが必要なのか、北海道の公式な歴史書である「新北海道史」や北海道庁のホームページを見てもこうした疑問には一切触れられてはいない。為政者自身が問題意識を持っているようには見えないし、道民への周知も十分ではない。北海道の歴史の記述が日本の歴史と重なり合わせることを疎んじてきたことが要因ではないだろうか。

　道制という仕組みが今も継続している事実を、歴史教育でも取り上げ、その是非は別にしても、子どもたちに伝えることを考えて欲しいものだ。

　多くの道民は、現状の仕組みに満足しているようだが、筆者は、札幌一極集中是正の決め手こそ、道制を改め分割分県することにあると考えている。札幌一極集中を是、あるいは止む無しとするならば現状維持を、少しでも変えたいとするならば分割分県を選択すべきでなかろうか。

　筆者は、北海道活性化の鍵は、準内地からの脱却にあると考えている。明治維新から150年、これまで準内地として不公平感を味わってきたが、

これからの150年に向けてこの辺で、新しい北海道づくりに向けて、準内地からの脱却を考えてはどうだろうか。
　制度や仕組みは主権者である道民が考えるもので、それを改めるのも道民の意思にかかっている。

参考文献

第1部

芦部信喜「憲法第五版」岩波書店 2011年
金森徳次郎「憲法遺言」同著作集Ⅰ 慈学社出版 2013年
松岡修太郎「外地法」新法学全集第3巻 日本評論社 1940年
山本有造「日本植民地経済史研究」名古屋大学出版会 1992年
杉原泰雄ほか編「資料現代地方自治」勁草書房 2003年

第2部

榎本守恵・君尹彦「北海道の歴史」(県史シリーズ) 山川出版社 1977年
榎本守恵「北海道の歴史」北海道新聞社 1981年
永井秀夫・大庭幸生編「北海道の百年」(県民百年史シリーズ) 山川出版社 1999年
桑原真人・川上淳「北海道の歴史がわかる本」亜璃西社 2008年
奥山亮「新考北海道史年表」みやま書房 1970年
石井進・五味文彦ほか「詳説日本史B」(高等学校検定教科書) 山川出版社 2012年
相澤理「東大のディープな日本史」中経出版 2012年
相澤理「東大のディープな日本史2」中経出版 2012年
網野善彦「歴史を考えるヒント」(新潮選書) 新潮社 2001年
網野善彦「日本の歴史をよみなおす」筑摩書房 1991年
網野善彦「続日本の歴史をよみなおす」筑摩書房 1996年
網野善彦「日本社会の歴史上・中・下」(岩波新書) 岩波書店 1997年
石母田正「日本の古代国家」(石母田正著作集第3巻) 岩波書店 1989年
田中彰「北海道と明治維新」北海道大学図書刊行会 2000年
「アイヌ政策のあり方に関する有識者懇談会報告書」2009年
大江志乃夫「徴兵制」(岩波新書) 岩波書店 1981年

第3部
　新田一郎ほか「地域主権改革関連三法について」自治研究第764号所収
　　論文　2011年
　武岡明子「北海道と道州制―北海道道州制特区成立の政治過程―」札幌
　　大学総合研究　2011年
　須藤時仁・野村容康「日本経済の構造変化」岩波書店　2014年
　日本経済新聞社編「ニッポンこの20年」日本経済新聞出版社　2011年
　片山善博「未来への地方自治」季刊自治と分権所収インタビュー　2003
　　年

父の思い

　この著書は、平成30（2018）年1月に他界した私の父・岡　勝美が死の直前まで執筆していた原稿をほぼそのまま出版したものです。
　私の父は、40年以上北海道庁に勤務し、地方行政の仕事に携わっていました。その中で、旭川に医科大学が設置されるまでの紆余曲折など、広大な北海道が一つの自治体であるがゆえの問題を様々な場面で見てきたようです。退職後も北海道の将来を人一倍気にかけていた父は、北海道の歴史を古代から現代まで調べる中で、北海道を分県することが、北海道の輝く道であるとの思いに至りました。そして、平成23（2011）年頃から原稿の執筆に取り掛かりましたが、がんを患うなど、思うように執筆は進みませんでした。しかし、体調が良い時などに部屋の隅にあるパソコンに向かい続け、平成30（2018）年1月に74年の生涯を閉じる直前まで、原稿の完成に執念を燃やしていました。
　父の死去後、遺品等を整理している中で、母と私はこの原稿を初めて見ました。パソコンに保存されていた文書の更新日時から、本当に死の数日前まで執筆をしていたことを知り、何とかこの原稿を本にして出版したい、父の考えを少しでも多くの方に知ってほしいという思いがこみ上げました。そこで、父がこの原稿の執筆にあたってお世話になっていた久田徳二さん（元北海道新聞編集委員、現在北海道大学客員教授）に多大なるご協力をいただいて、出版にこぎつけることができました。
　地方分権、またそれとセットで道州制が叫ばれて久しいですが、「分権＝道州制」が果たして正解なのでしょうか。人口減少、札幌一極集中など、北海道は多くの課題を抱えています。輝く北海道をつくるために本当に必要なことは何か、この著書がその一助になることを願ってやみません。
　この著書の出版にあたっては、巻頭言をはじめ多大なるご協力をいただいた久田徳二さん、校正等について親身になってアドバイスをくださった㈱アイワードの竹島正紀さんをはじめ、カバーデザインを引き受けてくださった㈱インプロバイドの池端宏介さんなど、多くの方のお力添えをいた

だきました。この場を借りて御礼申し上げます。

　父は40年以上の北海道庁での知識・経験をこの著書に込めました。本来でしたら、道庁でお世話になった多くの皆様に、父は直接感謝を申し上げたかったと思いますが、その思いは叶いませんでした。母と長男である私から、この場を借りて心より感謝申し上げます。

岡　　顕一

◆著者プロフィール
1943年　福岡県生まれ
1946年　北海道に移住
高校卒業後、北海道庁に入庁
総務部審議室、学事課、地方振興室、知事室広報課、監査委員事務局など地方自治の第一線で40年以上勤務
2018年　74歳で死去

なぜ北海道に県がないのか
地域が輝く北海道の3県制

発　行　2018年8月25日　初版
著　者　岡　勝美
発行所　株式会社共同文化社
　　　　〒060-0033　札幌市中央区北3条東5丁目5
　　　　TEL 011-251-8078
　　　　http://kyodo-bunkasya.net/
装丁デザイン　片桐由貴・池端宏介（㈱インプロバイド）
印刷・製本　株式会社アイワード

©Katsumi Oka 2018 Printed in Japan
ISBN978-4-87739-317-5
※万一、落丁乱丁の場合はお取替えいたします。

書籍　　　41　適在
地方　北海道支店扱
1冊

共同文化社

なぜ北海道に県がないのか
地域が輝く北海

岡　勝美　著

1567
本体　1,200
C0031
受付番号　09595-225
注文18年　9月　6日　9/6
補充　43090

00000047

株式会社トーハン